Wolfgang Endres / Elisabeth Bernard
VOLL BEI DER SACHE

Wolfgang Endres
Elisabeth Bernard

VOLL BEI DER SACHE

Das Konzentrationsprogramm für Kinder
Ein Elternratgeber

Komm, laß uns das zusammen packen!

Kösel

ISBN 3-466-30370-2

2. Auflage 1995, 6. - 10. Tausend
© 1994 by Kösel-Verlag GmbH & Co., München
Printed in Germany. Alle Rechte vorbehalten
Druck und Bindung: Kösel, Kempten
Layout: Regina Rilz, München
Umschlag: Elisabeth Petersen, Glonn
Umschlagfoto: Ursula Markus, Zürich
Fotos: Christian Herr, St. Blasien
Grafiken: Rudi Bauer, St. Blasien
Illustrationen: Markus Olivieri, Herrischried

2 3 4 5 6 · 99 98 97 96 95

Gedruckt auf umweltfreundlich hergestelltem Werkdruckpapier
(säurefrei und chlorfrei gebleicht)

Inhalt

Voll bei der Sache

Erwachsene wie Kinder sollen (und wollen?) immer mehr in immer kürzerer Zeit aufnehmen und verarbeiten. Ob in Schule und Beruf, Gesellschaft oder in der Freizeit, überall ist Beschleunigung an der Tagesordnung. Alles, was dauert, dauert zu lang, geht zu langsam: »Komm, mach schon! Wir müssen!« In vielen Bereichen sind unsere Antriebskräfte auf diese Kurzformel geschrumpft. Selbst in unserer »freien Zeit« bestimmen wir immer seltener das Tempo selbst. Wir hetzen und jagen durch Programme und Angebote aller Art, bis uns die Luft ausgeht – atemberaubend – und wir finden das auch noch toll und spannend …

Erleben auch Sie manche Alltagssituation so »kurzatmig«? Dann befinden Sie sich in guter Gesellschaft. Das Heer der Unkonzentrierten, Zerfahrenen, Nervösen und Zerstreuten ist riesengroß und wird immer größer.

Oder können Sie noch voll bei der Sache sein? Wie viele Dinge gehen Ihnen durch den Kopf, wenn Sie unter der Dusche stehen, sich anziehen, frühstücken, Zeitung lesen oder Radio hören?

Wie intensiv tun Sie das, was Sie gerade tun, zum Beispiel das Lesen dieser Zeilen? Wie sieht es mit Ihrer Geduld aus, innezuhalten und über diese ersten Gedanken nachzudenken? Ist das zu langweilig? Eilen Sie auf der Suche nach interessanteren Gedanken lieber schon ein Stück voraus, oder sind Sie mit Ihren Gedanken inzwischen schon ganz woanders?

Die Schwierigkeit oder gar Unfähigkeit zur Konzentration ist eines der markantesten Symptome unseres Lebensstils geworden – zappelige Kinder und hektische Erwachsene können Körper und Geist nicht mehr auf eine Aufgabe zentrieren. Je angestrengter sie versuchen, konzentriert zu sein, desto weniger gelingt es. Läßt sich die verlorengegangene Konzentration überhaupt wiedergewinnen? Dieser Leitfaden möchte Sie und Ihr Kind zu einem betont ruhigen Training einladen, mit dem Sie Tag für Tag und Schritt für Schritt langsam, aber wir-

kungsvoll diese Fähigkeit bei sich (neu) entdecken und das wohltuende Gefühl genießen, »voll bei der Sache« zu sein.

Und weil die Initiative hierzu bei jedem selbst liegen muß, sollen Eltern nicht auch noch das Trainingsprogramm der Kinder absolvieren. Die Übungsteile mit diesem Symbol

sind ausschließlich für Kinder reserviert. Am besten halten Sie sich dort ganz heraus. Trotzdem wird Ihr Kind sich höchstwahrscheinlich hin und wieder mit Fragen an Sie wenden. Das wäre eine gute Gelegenheit, eine Übung gemeinsam anzupacken, zum Beispiel beim Betrachten eines Fotos:

– Was entdeckst du auf diesem Bild?
– Welche Idee steckt deiner Meinung nach dahinter?
– Was gefällt dir an diesem Bild? Was findest du nicht so gut?

Oder Sie betrachten einen Bildausschnitt, zum Beispiel diesen,

und suchen gemeinsam das Bild, aus dem er stammt.

Es gibt einige Bilderpaare. Welche beiden Bilder gehören zusammen?
Welches Foto gehört zu welchem Titel?:
- »Hausaufgaben machen ist wie Schuhe putzen«
- »Kein Stein ist wie mein Stein«
- »So kannst du Zeit sparen«

Oder Sie und Ihr Kind suchen sich unabhängig voneinander ein Bild aus, geben ihm einen Titel und lassen dann das betreffende Bild suchen.
Wenn Sie erst einmal damit angefangen haben, erfinden Sie und Ihr Kind vielleicht eigene Aufgaben, wie sie sonst noch mit den Bildern spielen und lernen könnten.

Mein Trainingsprogramm: Voll bei der Sache

Ich bin Piko. Vielleicht kennst du mich schon aus dem Buch *So ist Lernen klasse*? Damit du aber sicher bist, mit wem du es hier zu tun hast, stelle ich mich nochmal kurz vor: Also, ich heiße Piko. So wie Pikobello, was soviel bedeutet wie »tadellos« oder »ausgezeichnet«. Aber wer behauptet das schon gerne von sich selbst!? Deshalb bin ich einfach nur der Piko.

Mein neuestes Hobby heißt »Knubbelei«. Das ist eine Mischung aus Knobelei und Knubbeln. Knubbel sind eine Art Knoten, die ich mit Vergnügen löse. Am Anfang sieht das oft furchtbar verwirrend aus, eben knubbelig. Wenn ich mich aber eine Weile damit beschäftigt habe, finde ich jedesmal (wenn ich ehrlich bin: fast jedesmal …) eine Lösung.

Seit ich dieses Hobby habe, kann ich mich sagenhaft gut konzentrieren. Möchtest du gern wissen, wie ich das erreicht habe? Würdest du dich auch gern besser konzentrieren können? Dann lade ich dich herzlich ein, mitzumachen:

Knubbelei Nr. 1: Die Zauberringe

Wenn du diese Kette ganz genau betrachtest, siehst du, daß einige Ringe lose dazwischen liegen. Wieviel Ringe sind nicht direkt mit der Kette verbunden?

Wenn du eine Lösung gefunden hast, vergleiche sie mit meiner Zahl auf Seite 126. Auf Seite 127 findest du auch das Erfolgsnetz. Wenn du dasselbe Ergebnis hast, kannst du schon deinen ersten Faden einzeichnen. Wenn du am Ende dein Erfolgsnetz fertig hast, wirst du eine schöne Entdeckung machen.

Übrigens: Wenn dir mal eine Knubbelei nicht gefällt, läßt du sie einfach aus. Wenn das aber dreimal nacheinander der Fall ist, wäre mein Knubbeleiprogramm wohl nicht ganz das Richtige für dich – und es würden dir dann ja auch zu viele Fäden für dein Erfolgsnetz fehlen! Doch ich bin zuversichtlich, daß du so schnell nicht aufgibst und wir beide ab jetzt prima zusammenarbeiten. Wie gefällt dir zum Beispiel mein nächster Vorschlag?

Knubbelei Nr. 2: Die besondere Fotoecke

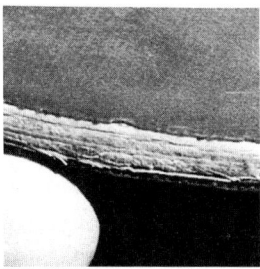

Schau dir diesen Fotoausschnitt zehn Sekunden lang an. Dann blättere im Buch und suche das Foto, aus dem er stammt. Diesen Ausschnitt hier darfst du zwischendurch nicht mehr betrachten. Du sollst deine Entscheidung nur noch aus dem Gedächtnis treffen.

Wenn du glaubst, daß du das richtige Foto entdeckt hast, schau auf Seite 126 nach, ob deine Lösung stimmt. Und schon hast du dir den zweiten Erfolgsfaden gesichert.

Solche Fotoecken findest du noch an vielen anderen Stellen. So kannst du diese Übung ganz nach Lust und Laune fortsetzen. Vielleicht suchst du mal mit anderen um die Wette? Wer findet als erster die Lösung? Oder bringen dich die Fotoecken noch auf ganz andere Suchideen? Was hältst du zum Beispiel von dem Vorschlag, gemeinsam auf Titelsuche zu gehen?

Zu welchem Bild paßt der Titel:
– »Wie kann ich am besten Zeit sparen?«
– »Nun bleib doch endlich still sitzen!«
– »Da mußt du einfach durch. So ein Quatsch!«
Ich gebe zu, daß die nächsten Knubbeleien zum Teil etwas schwieriger zu lösen sind, aber durch das Training wirst du ja auch von Tag zu Tag besser. Und was das Schönste daran ist: Alles, was ich dir auf diesen Seiten

zu sagen oder anzubieten habe, geht sonst niemanden was an. Da haben Erwachsene nichts zu suchen. Hier sind wir sozusagen nur unter uns. Die anderen Seiten ohne dieses Zeichen dürfen deine Eltern oder Lehrerinnen und Lehrer lesen. Das ist auch ziemlich langweilig für dich.
So, das wär's für heute. Sehen wir uns morgen oder übermorgen an dieser Stelle wieder? Also, dann zeichne heute nur noch den zweiten Faden ein.

Knubbelei Nr. 3: Geheime Botschaft

Wenn du dich von den vielen Buchstaben und Zahlen nicht verwirren läßt und alles schön der Reihe nach erledigst, wirst du bald wissen, was ich dir auf dem Schachbrett auf der nächsten Seite mitzuteilen habe. Die Felder mit den gesuchten Buchstaben findest du wie die Straßen in einem Stadtplan. So steht zum Beispiel im Feld b2 das A. Und welchen Buchstaben findest du in g6? Hast du gleich das U entdeckt? Dann weißt du ja Bescheid. Hier also mein spezieller Tip für dich (jede Zeile entspricht einem Wort):

    h7 – c4
    e2 – f4 – i2 – k4 – a7 – d2
    g10 – a2 – d7 – i9
    a3 – k10 – c9 – d3 – f9 – k7 – a10 – h3
    c5 – b1 – h9
    h4 – c2 – i8 – d5 – a5 – k5:
    f7 – i5
    d9 – d4 – k8 – f3

g9 – a6 – i3 – c8 – i4 – h10 – b10 – f5
b2 – b3 – b4 – b5 – b6 – b7 – b8 – b9!
i10 – a8
i7 – a4 – f8 – k6
k9 – k3 – c3 – f10
c10 – h5 – f2
d8 – h8 – k2
a1 – h2 – c7 – a9 – d10!

	a	b	c	d	e	f	g	h	i	k
1	S	i	A	U	S	D	A	U	E	R
2	e	A	r	t	b	i	u	a	i	r
3	J	u	l	i	A	t	S	g	r	o
4	i	S	o	a	u	r	D	E	l	n
5	l	D	d	o	S	h	A	e	u	g
6	i	A	U	S	D	A	U	E	R	t
7	g	u	c	i	A	D	E	S	b	i
8	u	E	k	d	U	s	R	e	f	s
9	h	R	a	h	E	n	w	r	n	v
10	n	c	b	e	R	l	d	i	D	r

Vergiß zum Schluß nicht, deinen dritten Faden einzuzeichnen.

14

Kann man Konzentration lernen?

Sebastian sitzt allein in seinem Kinderzimmer und baut einen komplizierten Kran nach Vorlage. Schon seit einer Stunde ist er damit beschäftigt und merkt gar nicht, daß die Zeit vergangen ist.

Derselbe Sebastian arbeitet an seinen Hausaufgaben. Mißmutig holt er Buch und Heft aus dem Ranzen und fängt erst mal an, sämtliche Buntstifte zu spitzen. Nach zehn Minuten kommt seine Mutter: »Du hast ja immer noch nicht angefangen!« Also schlägt er brav Buch und Heft auf und beginnt mit dem Schreiben. Doch schon bald rutscht er auf dem Stuhl herum, sein Radiergummi fällt vom Tisch …

Kann Sebastian sich doch nicht konzentrieren?

Konzentration für sich allein bedeutet, daß ich mich mit meiner ganzen Aufmerksamkeit einer Sache oder Person zuwende und alle anderen Dinge für diese Zeit bedeutungslos und unwichtig sind. Sich ablenken lassen heißt dagegen, sich neben oder statt der eigentlichen Aufgabe mit anderen Dingen zu beschäftigen. Deshalb fällt es oft gerade den wachen, aufmerksamen Kindern schwer, nur bei einer Sache zu bleiben. Ständig sehen und hören sie Dinge, die gerade deshalb interessant wirken, weil sie vielleicht *nicht* beachtet werden sollen.

Die Konzentrationsfähigkeit hängt in erster Linie vom Interesse ab. Sebastian empfindet seine Hausaufgaben zum Beispiel von vornherein als lästig, störend, vielleicht langweilig, so daß er sich lieber mit einer bestimmt recht stumpfsinnigen Beschäftigung, dem Buntstiftspitzen, ablenkt. Eine Ersatzhandlung, denn immerhin tut er etwas für die Schule.

Was ist da zu tun? Wie läßt sich Konzentration lernen?

Sebastians Mutter entdeckt in der Buchhandlung einige Hefte mit Konzentrationsspielen. Nach dem ersten Durchblättern entscheidet sie sich für eines, bei dem die Aufgaben und Aufmachung sie besonders angesprochen haben. Nach einem ernsthaften Gespräch mit Sebastian über dessen Konzentrationsprobleme ist er durchaus bereit, jeden Tag eine Seite darin zu bearbeiten. Er sieht sich das Heft genauer an und fängt voller Eifer sofort mit einem Rätsel an. Die Aufgaben in diesem Heft sind sehr vielfältig:

- zwei fast gleiche Bilder, bei denen man acht Unterschiede finden soll,
- Labyrinthaufgaben,
- Muster zum Weitermalen und Vervollständigen,
- Spiegelbilder mit Unterschieden,
- Kreuzworträtsel,
- Malen nach Zahlen,
- »Lügenbilder«, bei denen viele Dinge nicht stimmen,
- Geheimschriften,
- Zahlenrätsel,
- gleiche Zeichen erkennen.

Diese Hefte haben einen großen Aufforderungscharakter, und die meisten Kinder arbeiten gerne damit. Die visuellen Fähigkeiten, das Beachten von unauffälligen Details und das logische Denken werden dabei geschult. Akustische Aufgaben erfordern einen Partner und sind deshalb nur selten vertreten.

Wird Sebastian nach diesem Training seine Hausaufgaben konzentrierter bewältigen? Wenn seine Konzentrationsprobleme vor allem mit seiner optischen Auffassungsgabe zu tun hatten, muß er nun die neu trainierten Fähigkeiten bewußt bei den Hausaufgaben einsetzen. Bis dieser Vorgang automatisch abläuft, dauert es lange. Hängen seine Probleme mehr mit mangelnder Motivation zusammen, ist sein unmittelbarer Gewinn aus den Konzentrationstrainingsheften eher gering. Diese Art der Konzentration läßt sich am besten bei der jeweiligen Arbeit selbst trainieren. Das heißt, Hausaufgaben sind gleichzeitig Konzentrationstraining. Aber wie?

Knubbelei Nr. 4:
Mein Konzentrations-Poster

Den folgenden Text schreibe ich auf ein riesiges Blatt Papier und verziere es mit bunten Zeichnungen oder Aufklebern. So male ich mir mein ganz persönliches Konzentrationsposter.

Der Weg der kleinen Schritte

Konzentration heißt, die Gedanken an die Leine legen!

Außer meiner Arbeit und mir gibt es in der nächsten halben Stunde nichts Wichtiges auf der Welt.

Damit meine Gedanken nicht plötzlich spazierengehen, spreche ich beim Schreiben oder Rechnen mindestens halblaut mit.

Ich teile den Riesenberg Hausaufgaben in kleine Portionen auf und schätze vorher, wieviel Zeit ich dafür brauche.

Pausen sind wichtig!!

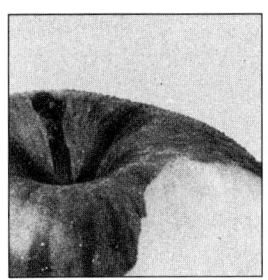

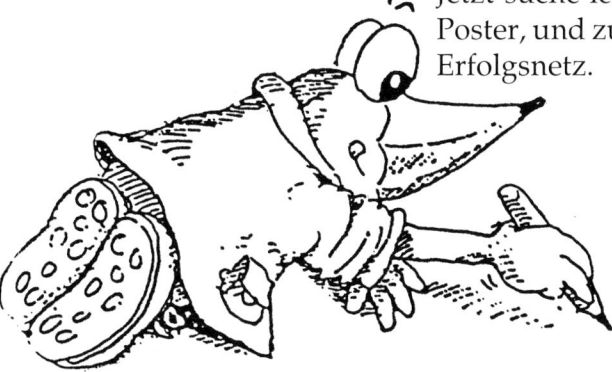

Jetzt suche ich noch einen guten Platz für mein frisch gemaltes Poster, und zum Abschluß zeichne ich den vierten Faden in mein Erfolgsnetz.

Konzentration – eine beneidenswerte Fähigkeit

Wenn sich Hochleistungssportler wie Tennisspieler, Hochspringer, Skiläufer oder Gewichtheber innerlich auf ihren Auftritt vorbereiten, vermitteln selbst die Bilder auf dem Fernsehschirm noch etwas Faszinierendes. Noch fesselnder ist die Wirkung, wenn Musiker, Tänzer, Dirigenten oder Artisten völlig in ihrem Tun aufzugehen scheinen. Ähnliche Konzentrations-»Leistungen« können wir bei spielenden Kindern beobachten. Mit leisen Neidgefühlen registrieren wir, wie sehr manche Menschen noch zur inneren Sammlung, zur Konzentration fähig sind.

In der Schule haben dagegen Konzentrations- und Aufmerksamkeitsstörungen mit »Hyperaktivität und aggressiver Impulsivität« der Kinder und Jugendlichen epidemische Ausmaße angenommen, die Eltern und Lehrern mehr und mehr zu schaffen machen. Das Problem »Unkonzentriertheit« ist längst zu einem gesellschaftlichen Problem geworden.

Welche der folgenden Fragen müssen auch Sie bei Ihrem Kind positiv beantworten?:

– Ist mein Kind leicht reizbar oder motorisch unruhig und umtriebig?
– Will es seine Wünsche leicht erfüllt haben?
– Kann es nur schlecht aushalten, wenn etwas nicht nach seinem Kopf geht?
– Scheint es häufig nicht zuzuhören, wenn andere mit ihm sprechen?
– Wechselt es häufig von einer Aufgabe zur anderen, ohne sie zu beenden?
– Ermüdet es rasch, hat es Schwierigkeiten, bei Aufgaben und/oder Spielen länger aufmerksam dabeizubleiben?

Die Diagnose lautet heute im Fachjargon der Mediziner und Psychologen »Hyperkinetisches Störungssyndrom«. Die Erklärung dazu: »Reizüberflutung und Übererregung«.

Läßt sich durch Übungen, wie sie hier vorgestellt werden, keinerlei Erfolg erzielen, bleibt das Kind unfähig, still zu sitzen, zuzuhören oder etwas feh-

lerfrei abzuschreiben, ist ein solcher Zappelphilipp vielleicht besonders phosphatempfindlich. Möglicherweise stört ein Zuviel an Lebensmittelphosphaten den Kalkstoffwechsel, und das Noradrenalin, das im Gehirn als Transmitter wirkt, wird vermindert.

Ein Kinderarzt meint hierzu: Das hyperkinetische Syndrom ist hinsichtlich seiner Ursachen und Erscheinungsformen vielgestaltig. Als *Ursachen* können in Frage kommen:

1. vor- und nachgeburtliche Schädigungen leichten Grades,
2. genetische Faktoren,
3. frühkindlich-emotionale Entwicklungsstörungen.

Erscheinungsformen:

1. psychomotorische Unruhe im Sinne des »Clown- und Faxensyndroms«,
2. Sprachstörungen,
3. Verhaltensstörungen: übermäßige Angst, Aggressivität, Depressionen,
4. psychosomatische Störungen wie Schlafstörungen, Leibkoliken.

Selbstverständlich ergibt sich aus diesem differenzierten Erscheinungsbild des hyperkinetischen Syndroms die Notwendigkeit einer gründlichen kinderärztlichen Untersuchung. Die Therapieansätze reichen von der Heilpädagogik über Musik- und Bewegungstherapie bis zur medikamentösen Behandlung und zahlreichen Diätansätzen. Einige hyperkinetische Kinder sprechen auf eine konsequente phosphatarme Diät sehr gut an. In jedem Fall muß aber die Diagnose einem Arzt überlassen werden.

Diese Hinweise auf ein hyperkinetisches Kind sind nur als Möglichkeit aufgezeigt, woran es sonst noch liegen könnte, daß das Kind sich gar nicht konzentrieren kann, obwohl es normal oder sogar überdurchschnittlich begabt ist.

Wie kommt es zur Übererregung?

Werbung, Fernsehen, Gewaltvideos und realitätsverzerrende Action zeigen massive Wirkungen. Aber auch äußerlich scheinbar konzentriertes Alltagsverhalten von Erwachsenen verrät bei genauerem Hinsehen, daß es nur in den allerwenigsten Fällen mit aufmerksamer innerer Beteiligung einhergeht. Wer beispielsweise während des Abendessens gleichzeitig fernsieht, vielleicht noch mit halbem Ohr der Musikberieselung aus dem Radio im Wohnzimmer lauscht, mit den Kindern spricht und der Frau zuhört, zudem einen Blick in die Tageszeitung wirft, der macht viel, zuviel des Guten. Wie das Essen wirklich geschmeckt hat, was im Fernsehen lief, weiß man schon einige Minuten später genausowenig, wie man sich daran erinnern kann, was die Kinder oder die Frau erzählten, was man selbst sagte oder in der Zeitung gelesen hat.

Ein in der Meditation erfahrener Mann wurde einmal gefragt, warum er trotz seiner vielen Beschäftigungen immer so gesammelt sein könne. Dieser sagte:

> Wenn ich stehe, dann stehe ich,
> wenn ich gehe, dann gehe ich,
> wenn ich sitze, dann sitze ich,
> wenn ich esse, dann esse ich,
> wenn ich spreche, dann spreche ich …

Da fielen ihm die Fragesteller ins Wort und sagten: Das tun wir auch. Aber was machst du noch darüber hinaus? Er sagte wiederum:

> Wenn ich stehe, dann stehe ich,
> wenn ich gehe, dann gehe ich,
> wenn ich sitze, dann sitze ich,
> wenn ich esse, dann esse ich,
> wenn ich spreche, dann spreche ich …

Wieder sagten die Leute: Das tun wir doch auch. Er sagte zu ihnen:

> Nein,
> wenn ihr sitzt, dann steht ihr schon,
> wenn ihr steht, dann geht ihr schon,
> wenn ihr lauft, dann seid ihr schon am Ziel …

Aus: Lore Graf u.a. (Hrsg.): *Die Blumen des Blinden. Kurze Geschichten zum Nachdenken*, Kaiser Verlag, München 1983

Diese Geschichte aus dem Fernen Osten läßt sich in einem einzigen Satz zusammenfassen:

Tue, was du tust!

In diesem jahrtausendealten Ausspruch steckt das ganze Geheimnis aller Konzentrationsübungen: Tatsächlich und bewußt das tun, was man gerade tut.

Natürlich kann man das nicht ständig, aber als Merksatz für gelegentliche Übungen ist er bestens geeignet.

Nun fragen Sie sich vielleicht, wie kann ich mein Kind zu solchen Übungen anleiten? Die Antwort ist recht einfach: Indem Sie selbst Ihre eigene Konzentrationsfähigkeit steigern. Fördern Sie Ihr Kind, indem Sie sich selber fördern. Denn das wir-

kungsvollste Mittel, mit dem Eltern die Konzentration ihrer Kinder steigern können, heißt: Selber ruhig und gelassen sein und Ruhe ausstrahlen.

In etwas abgewandelter Form trifft hier der schöne Vergleich von Max Frisch zu: Man muß dem Kind die Konzentrationsfähigkeit hinhalten wie einen Mantel, damit es hineinschlüpfen kann – man darf sie ihm nicht wie einen nassen Lappen um die Ohren schlagen.

> Man muß jemandem die Wahrheit
> hinhalten wie einen Mantel,
> damit er hineinschlüpfen kann –
> und darf sie ihm nicht
> wie einen nassen Lappen
> um die Ohren schlagen.

Unkonzentriertheit ist also nicht nur das Problem von reizüberfluteten Schulkindern. Die oben zitierten Fragen stammen zwar aus einem Fragebogen zu Verhaltensmerkmalen der Aufmerksamkeits- und Hyperaktivitätsstörung von Kindern. Aber die genannten Symptome finden sich auch in der Erwachsenenwelt reichlich: Wer kennt in der Firma, im Bekanntenkreis nicht Menschen, die leicht reizbar wären, über eine nur geringe Frustrationstoleranz verfügen und es daher nur schlecht aushalten, wenn etwas »nicht nach ihrem Kopf geht«, Menschen, die nicht zuhören können, die ruhelos, nervös und umtriebig sind, rasch ermüden, Schwierigkeiten haben, Arbeiten oder sonstige Tätigkeiten länger aufmerksam und konzentriert durchzuführen.

Und wie viele dieser Symptome finden Sie bei sich selbst?

Die Sonder-Knubbelei Nr. 5:
Was sind meine Stärken?

Keiner kann alles. Aber jeder kann was anderes. Und darauf kommt's an! Nutze deine Stärken und achte auf deine Schwächen. Höchstleistungen sollte ich mir nur dort abverlangen, wo ich besonders stark bin. Wer sich ständig überfordert, macht sich auf Dauer mutlos – und das wäre so ziemlich die schlechteste Voraussetzung für konzentriertes Lernen.

Dieser kleine Test will dir dabei helfen. Hier also meine Knubbelei Nr. 5. Kreuze dabei ehrlich an, welcher Satz am besten auf dich zutrifft. Du darfst in jedem Absatz nur eine Aussage ankreuzen.

❏ ❏ ❏   Du weißt immer, was gefragt ist. Oft fragen dich deine Mitschüler, welche Aufgaben ihr machen müßt.

❏ ❏   Meistens kommst du klar. Du hast alles dabei, was gefordert ist, und alle Aufgaben erledigt.

❏   Irgendwie hast du die Hausaufgaben vergessen oder nicht genau mitgekriegt, was gemacht werden soll.

○ ○ ○   Wenn dich was interessiert, bist du nicht zu bremsen. Du forschst auf eigene Faust, fragst rum, liest Bücher usw.

○ ○   Bei was Interessantem liest du schon mal weiter im Buch, weil du wissen willst, was passiert.

○   Mehr als der Lehrer verlangt, tust du ganz, ganz selten.

Δ Δ Δ   Was der Lehrer einmal erklärt hat, vergißt du nicht so schnell.

Δ Δ   Gut merken kannst du dir nur, was dich wirklich interessiert – sonst ist Lernen angesagt.

Δ   Manchmal kommst du dir vor wie ein Sieb – du bist unwahrscheinlich vergeßlich.

❏ ❏ ❏   Deine Hefte sind tipptopp. Da bist du eigen.

❏ ❏   Na ja! Es steht alles drin in deinen Heften, und es ist auch einigermaßen lesbar.

❏   Auch wenn du alle Hefte findest – sie sind nicht gerade eine musterhafte Sammlung. Hier und da fehlt schon mal was, oder es ist was reingekommen, was eigentlich nicht drin sein sollte.

○ ○ ○   Wenn etwas erfunden werden muß, bist du in deinem Element. Geschichten, Sprüche usw. – für dich kein Problem!

○ ○   Du denkst dir gerne etwas aus, und oft kommen auch echt gute Sachen dabei raus.

○   Mit dem Dichten hast du es nicht so. Aufsätze und Ähnliches machen dir keinen Spaß.

△ △ △   Du weißt oft schon, was gemeint ist, bevor der Lehrer fertig erklärt hat.

△ △   Meistens kommst du mit den Erklärungen deines Lehrers klar. Es ist für dich weder zuviel noch zuwenig.

△   Wenn du bei den Hausaufgaben sitzt, denkst du oft: »Das hätte der Lehrer besser erklären müssen.«

❒ ❒ ❒   Das mit dem Lernen hast du im Griff. Du fängst rechtzeitig an und hast dein eigenes System, wie du was behältst.

❒ ❒   Meistens klappt es mit dem Lernen. Du rappelst dich gerade noch rechtzeitig auf und lernst soviel wie nötig.

❒   Manchmal könntest du dir in den Hintern beißen, weil du wieder zu spät angefangen hast zu lernen und selbst dann irgendwie planlos warst.

○ ○ ○   Wenn es richtig rundgeht, ist dir keine Mühe zuviel. Überall rumrennen, um einen eigenen Stadtplan zu malen oder Leute zu interviewen – das macht dir Spaß.

○ ○   Wenn Einsatz gefragt ist, dann bringst du ihn auch.

○   Hier was nachfragen oder da jemanden etwas fragen – so komplizierte Aufträge findest du doof.

△ △ △   Etwas auswendig lernen ist für dich kein Problem. Einmal durchlesen – schon stimmt die Sache.

△ △   Es gibt Schlimmeres. Was gelernt werden soll, liest du dir ein paarmal durch, dann klappt das.

△   Auswendiglernen ist dir ein Greuel. Es nervt dich, bis der Kram endlich in deinem Kopf ist.

Zähle jetzt zusammen! Gezählt werden die Kreuzchen in den Dreiecken, Kreisen und Vierecken.
Wovon hast du am meisten? Gleich erfährst du mehr über deine Stärken!

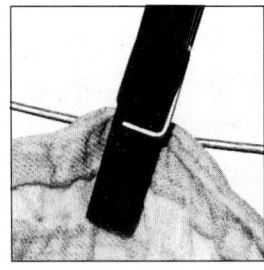

Das sind deine Stärken!

Du hast am meisten $\triangle$ Dreiecke

Das Dreieck steht für Senkrechtstarter und Blitzmerker. Denn du gehörst zur schnellen Sorte. Du lernst schnell und leicht. Das ist ein großer Vorteil, wenn es einmal eng wird und in vielen verschiedenen Fächern viel verlangt wird. Es liegt allerdings auch die Gefahr darin, daß man leichtsinnig wird. Achtung: Auch Blitzmerker müssen irgendwann irgendwo ein bißchen mehr lernen!

Du hast am meisten $\bigcirc$ Kreise

Du bist ein Gewinner-Typ, bei dem alles schön glatt und rund läuft. Du machst mit viel Phantasie aus allem was. Mit dieser Fähigkeit kannst du eine Menge anfangen. Du wirst damit nicht nur Erfolg, sondern auch Spaß haben. Aber vergiß dabei das Lernen nicht. Denk dran – auch der beste Schauspieler muß den Text pauken.

Du hast am meisten $\square$ Vierecke

Sieh doch noch einmal genau nach, wo du Vierecke angekreuzt hast. Das Viereck bedeutet hier »eckig und kantig«. Da liegen deine Schwachstellen. Nimm sie unter die Lupe und überlege, was du dagegen tun kannst.

Zum Abschluß dieser Knubbelei ist das nächste Stück in deinem Erfolgsnetz fällig.

Warum überhaupt ein Konzentrationstraining?

Warum sollen sich Kinder denn besser konzentrieren lernen? Um bessere schulische Leistungen zu bringen. Warum brauchen sie denn bessere Leistungen? Weil die Eltern mit dem bisher Erreichten nicht zufrieden sind. Und warum sind die Eltern damit nicht zufrieden? Weil das Kind möglichst den Weg über das Gymnasium nehmen soll. Warum soll es denn das? Weil ihm dann beruflich alle Türen offenstehen, weil man ihm alle Möglichkeiten geben will, weil man das Beste für sein Kind will.

Sind das wirklich lohnende Ziele? Oder drehen wir mit diesen Vorstellungen die Spirale von Anstrengung – Leistung – höhere Anforderungen nur noch weiter nach oben? Vielleicht sind Überlegungen über Konzentration aber in einem ganz anderen Sinne erforderlich.

Konzentration hat mit meinem Zentrum, das heißt mit meiner Mitte zu tun. Um herauszufinden, was sich in meinem Zentrum befindet, helfen mir Überlegungen, was meine zentralen Angelegenheiten und Wertvorstellungen sind. Das erfordert einige Zeit des Nachdenkens. Unwesentliches ist vom Wesentlichen zu trennen.

Auf der Suche nach meiner inneren Mitte werden die täglichen Probleme einen anderen Stellenwert erhalten und sich dadurch besser bewältigen lassen. Der Weg dahin ist eigentlich sehr einfach. Und trotzdem – wie alles Einfache gar nicht so leicht.

Setzen Sie sich einmal fünf Minuten bequem hin, schließen Sie die Augen und tun gar nichts. Welche Gedanken gehen Ihnen im Kopf herum? Fällt Ihnen vielleicht alles ein, was Sie gestern schon erledigen wollten und heute unbedingt in Angriff nehmen müssen? Halten Sie diese Gedanken nicht fest, ärgern Sie sich auch nicht darüber, denn Arbeit gehört notwendig zum Leben, aber lassen Sie diese Gedanken wieder gehen. Der Tag hat 288 Fünf-Minuten-Einheiten, davon gehört jetzt eine Ihnen ganz allein. Wenn es zu schwer fällt und 100

Gedanken Sie ablenken wollen, dann hilft es vielleicht, über den Satz

Ich bin da

nachzudenken. Jedes Wort davon ist reich an Inhalten, und über jedes sind große philosophische Abhandlungen geschrieben worden. Das braucht Sie nicht davon abzuhalten, Ihre eigenen Inhalte zu finden.

Ich:

als Frau, als Mutter, als Sohn, als Freundin, als Onkel, als Gesprächspartner, als Kunde, als Putzfrau …
Wer bin ich eigentlich? In welcher Rolle fühle ich mich am sichersten, am wohlsten, am unwohlsten?

bin:

Wie *bin* ich eigentlich? Welche Eigenschaften finde ich in mir? Welche davon kann ich gut leiden, welche weniger? Fällt es mir sehr schwer, auch meine Fehler als einen Teil von mir zu akzeptieren? Wie wirke ich auf andere? Wessen Meinung ist mir dabei wichtig? *Bin* ich die Summe meiner Eigenschaften? Was macht mein Wesen aus?

da:

Ich lebe in einer ganz bestimmten Zeit, die ich mir nicht ausgesucht habe. In diesem Jahrhundert, in diesem Jahr, in dieser Jahreszeit, heute an diesem Tag.
Und am heutigen Tag befinde ich mich in einem ganz bestimmten Land, einem ganz bestimmten Ort. An diesem Tag und diesem Ort bin ich mit ganz bestimmten Menschen zusammen. Wie wichtig ist mir das alles? Beeinflußt es mein Denken und Handeln? In einer Weise, die mir gefällt, oder die ich ablehne?

Aber jetzt ist Ihre Fünf-Minuten-Einheit erst einmal zu Ende …

Knubbelei Nr. 6: Gespitzte Ohren

Heute sind deine Ohren gefordert. Suche dir eine Kassette oder CD aus und höre dir ganz bewußt die Musik an.

Nach einer Weile konzentrierst du dich nur auf eines der Instrumente und verfolgst nur dieses eine durch das ganze Stück. Schaffst du das, ohne den »Faden« zu verlieren?

Drei bis fünf Minuten später kommt die nächste Übung an die Reihe: Jetzt drehst du die Lautstärke allmählich zurück. Stück für Stück, bis du die Musik kaum noch hören kannst. Wie leise schaffst du es?

Und zum Schluß kommt der schwierigste Teil: Du drehst die Lautstärke komplett auf Null und hörst nur in die Stille hinein – eine ganze Minute lang. (Am besten bittest du jemanden, die Zeit zu stoppen – eine Minute ist länger, als du denkst!)

Danach malst du ganz still und leise den sechsten Faden für dein Netz.

Zuhören als Konzentrationsübung

Kann ich mich mit jemandem wirklich gut unterhalten, solange Radio oder Fernsehgerät laufen? Kann ich mich genügend darauf konzentrieren, was mein Gesprächspartner sagt? Dann vollbringt mein Gehirn eine beachtliche Leistung.

Ist es aber nicht eher so, daß ich nur mit halbem Ohr zuhöre? Daß ich bestenfalls das rein Inhaltliche aufnehme, aber keine Antenne mehr habe für die jeweilige seelische Verfassung meines Gesprächspartners? Und so hat derjenige, der etwas erzählt oder fragt, das Gefühl, er und seine Mitteilungen seien nicht wichtig genug, um ihnen ungeteilte Aufmerksamkeit zu schenken. Er fühlt sich nicht wirklich verstanden. Bei einem solchen Gespräch setzen sich alle Beteiligten einem unnötigen Streß aus.

Dabei bietet sich gerade die konzentrierte Haltung des Zuhörenkönnens als exzellente Übung an, seine Konzentrationsfähigkeit zu stärken – und obendrein fördert sie soziale Kompetenz.

Warum das Schwein weinte
von Iwan Krylow

Ein Schwein, das auf einem Bauernhof lebte, hörte, wie sich die Menschen stets mit seinem Namen beschimpften. Die Magd sagte zum Knecht: »Du hast mich belogen, du bist ein Schwein!«
Der Bauer sagte: »Dieser Händler ist ein Schwein, er hat uns betrogen!« Und die Bäuerin schalt die Magd: »Wie schmutzig und unordentlich ist die Küche. Das ist doch eine Schweinerei!«
So ging es fort, und das Schwein kränkte sich immer mehr und mehr darüber. Eines Tages, als es wieder zuhören mußte, wie man seinen Namen mißbrauchte, legte es sich in seinem Koben nieder und weinte.
Im Stall war aber auch ein munterer kleiner Esel. »Warum weinst du?« fragte er voll Anteilnahme das Schwein. »An meiner Stelle würdest du auch weinen«, schluchzte das Schwein. Und es erzählte alles dem Esel.
Der Esel hörte mitfühlend zu und sagte: »I-a, das ist wirklich eine Schweinerei!«

Aus: Wolfgang Endres: *Geschwister … Sie haben sich zum Streiten gern*, Beltz Verlag, Weinheim, 4. Aufl. 1992

Wer gelegentlich nach einem Gespräch still in sich hineinhört, ertappt sich bestimmt so manches Mal bei einer Eselei …

Zuhören hat etwas mit Schweigen zu tun; das hat aber nichts mit Teilnahmslosigkeit zu tun. Im Gegenteil: Zuhören, aktiv Zuhören, heißt intensive Anteilnahme. Das Schweigen ist in erster Linie Ausdruck des Zeithabens, Wartenkönnens, des Zurückhaltens eigener Äußerungen. So haben Sie es in der Hand, Gespräche mit Ihren Kindern zu bremsen oder anzukurbeln, abzuwürgen oder zu fördern.

Die fünf häufigsten Gesprächsbremsen

Was aber tun, wenn wir dem Kind gern zuhören möchten, das Kind aber nichts erzählen will? Bremsen wir vielleicht das grundsätzlich vorhandene Mitteilungsbedürfnis, ohne uns dessen bewußt zu sein?

Wenn Zuhörenkönnen eine exzellente Konzentrationsübung ist, sind Gespräche demnach ein gutes Übungsfeld. Wie aber fördern wir die Gesprächsbereitschaft? »Treten« wir nicht allzuoft – unbewußt – auf die Gesprächsbremse? Kommt Ihnen eine der folgenden bekannt vor?

Gesprächsbremse 1: Ironie

»Kann ich mal den Zucker haben?« – »Du bist doch so schon süß genug heute!«
Auch harmlose Bemerkungen können beim Empfänger verletzender ankommen, als es sich der Absender gedacht hat. Kinder, die sich verspottet fühlen, ziehen sich verärgert zurück oder reagieren gereizt. Jedenfalls ist zunächst einmal das Gesprächsklima gestört.
Wer Ironie ertragen soll, muß eine gute Portion Selbstbewußtsein und einen breiten Rücken haben. Kindern fehlt oft beides.

Gesprächsbremse 2: Drohen

»Wenn du mir nichts erzählen willst, dann kannst du mir mit deiner Geburtstagsparty auch gestohlen bleiben!«
Fühlt das Kind sich unter Druck gesetzt, will es erst recht nichts mehr erzählen. Wer dem Kind droht, hat auch nicht das Bedürfnis, es in seinem Verhalten zu verstehen, etwas aus ihm heraushören zu wollen. Vielmehr soll es sich nach den Interessen und Vorstellungen der Eltern richten. Gelegentlich versuchen Eltrn das auch durch Überreden zu erreichen, eine sanfte Form des Drohens. Wenn auch das nicht hilft, kommt es manchmal zu einer Art Erpressungsversuch: »Wenn du mir das nicht erzählst, bin ich aber traurig.« Beiderseitige Frustration ist hier meist schon vorprogrammiert.

Gesprächsbremse 3: Vorwürfe

»Jetzt red mal langsam und stotter nicht so rum!«
Tadeln, kritisieren oder ermahnen wir zu häufig, mag und kann das Kind nicht offen zu uns sein. Vorwürfe rufen schnell das Gefühl hervor, im Augenblick versagt zu haben. Das Kind reagiert mit Rechtfertigungen, wird trotzig oder schweigt.

> Es gibt Rosenzüchter,
> die beschäftigen sich mehr
> mit den Blattläusen
> als mit der Rose.

Gesprächsbremse 4: Besserwissen

»Ich kann mich in meinem Zimmer einfach nicht richtig konzentrieren!« – »Ja, würdest du mal richtig aufräumen, könntest du auch richtig arbeiten!«
Wo nehmen wir so schnell die Patentlösung her? Ist es nicht vermessen, mit gutgemeinten Ratschlägen eine Lösung für ein Problem anzubieten, ohne richtig zugehört zu haben? Weil wir oft von vornherein zu wissen glauben, was für das Kind gut ist, erfahren wir vom Kind nichts mehr, es trägt nichts mehr selbst zur Lösung bei.

Gesprächsbremse 5: Ausfragen

»Na, wie bist du mit den Matheaufgaben zurechtgekommen? Erzähl doch mal! – Muß ich dir denn jedes Wort einzeln aus der Nase ziehen?«
Solches Ausfragen geschieht oft in Situationen, in denen Eltern die Neugier und das eigene Interesse nicht zurückstellen können. Sie beschäftigen sich zwar mit dem Thema des Kindes, nicht aber mit dessen Gefühl, das heißt mit dem Kind selbst.
So kommen nur widerwillig Antworten, weil das Kind sich ohnehin nicht richtig verstanden fühlt.

Gesprächsbremsen zu erkennen und sie seltener oder gar nicht mehr einzusetzen, ist das eine. Gespräche zu fördern, durch aktives Zuhören die bessere Verständigung untereinander anzustreben, das andere, wichtigere.

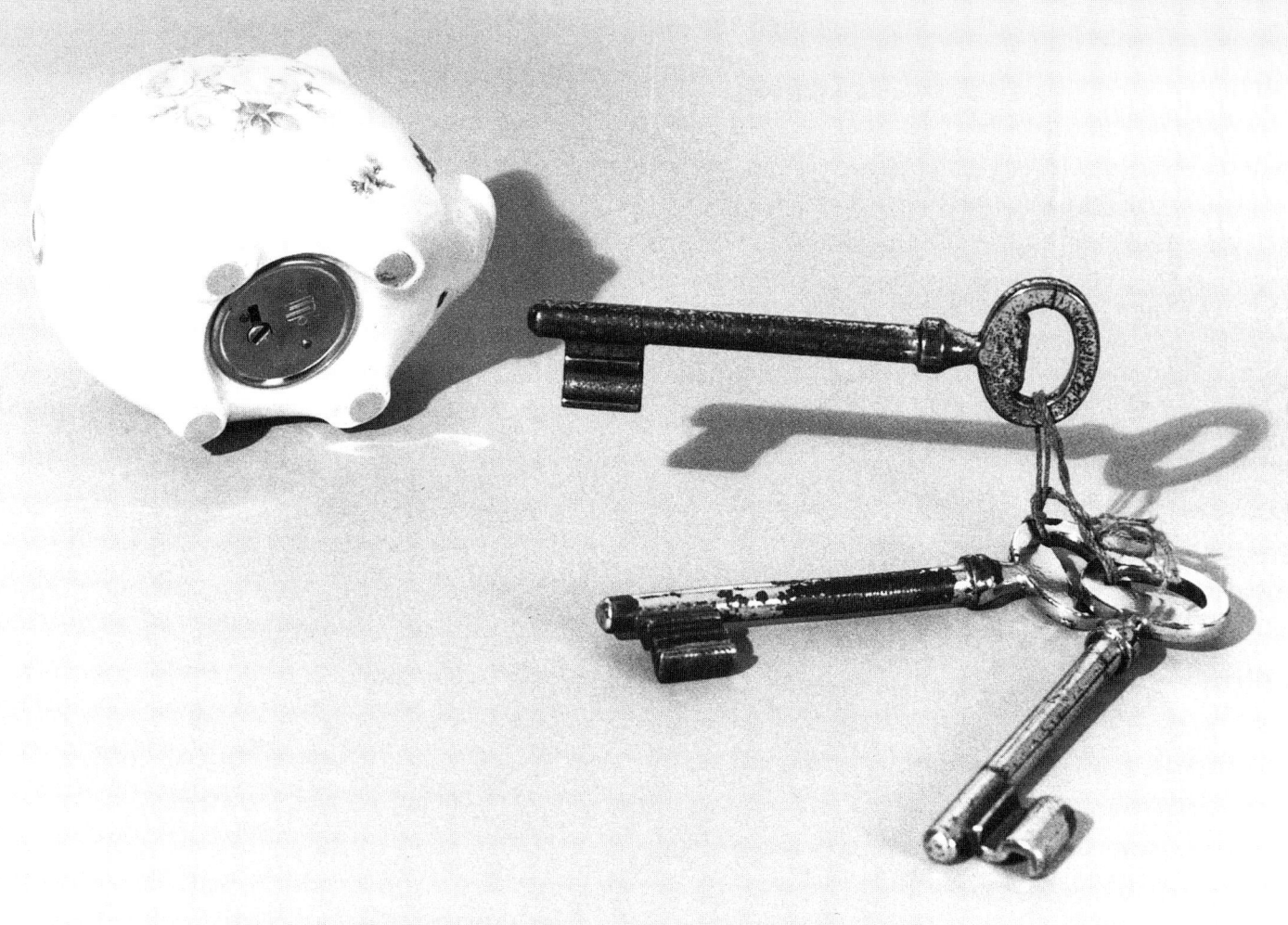

Die fünf wirkungsvollsten Gesprächskurbeln

Gesprächskurbel 1: Ernstnehmen

Wenn wir Kinder als Gesprächspartner ernst nehmen, ermuntern wir sie dadurch zum Erzählen. Wer sich ernstgenommen weiß, fühlt sich auch verstanden – und läßt sich auch was sagen.

Gesprächskurbel 2: Abwarten

Für jeden Menschen gibt es Zeitpunkte, zu denen er sich nicht in der richtigen Verfassung fühlt, sich in einem Gespräch mitzuteilen. Wenn das Kind spürt, daß Eltern nicht pausenlos »Würmer aus der Nase ziehen« wollen, sondern ihm Zeit lassen, wird seine Gesprächsbereitschaft wachsen.

Gesprächskurbel 3: Bewertungen zurückstellen

Wollen wir ein gutes Gespräch fördern, müssen wir viel sparsamer mit Bewertungen umgehen. Ob es um ein danebengegangenes Diktat oder einen Streit mit einem Schulkameraden geht, ein gutes, klärendes Gespräch kommt am ehesten zustande, wenn Eltern auf bohrende und vorwurfsvolle Fragen, Ermahnungen und sogar auf gute Ratschläge verzichten.

Gesprächskurbel 4: Nach-denken

Kontrolliert zuhören heißt, die Äußerungen des Kindes »nach-zudenken«, sozusagen mit eigenen Worten zu wiederholen, was das Kind gesagt hat. Wenn es zum Beispiel von der Schule kommt und schimpft, wie gemein der Lehrer war, dann sucht es jemanden, der ihm zuhört. Wer in solchen Situationen nichts anderes tut als einfach nur zuzuhören, ohne sofort seinen »Senf« dazu zu geben, schafft ideale Voraussetzungen für ein gutes Gesprächsklima.

Gesprächskurbel 5: Gefühle wahrnehmen

Über Gefühle zu sprechen, fällt uns allgemein schwer, dabei ist es so ungeheuer wichtig. Wir neigen dazu, vor allem unangenehme Gefühle rasch zu verdrängen. Ist ein Kind zum Beispiel wegen irgendeiner Lappalie traurig oder wütend, reden wir ihm ins Gewissen, sich nicht so anzustellen. Das Recht auf ein solches Gefühl wird ihm sozusagen abgesprochen. Kein Wunder, daß auf diesem Weg so manches Gespräch vorzeitig im Sande verläuft …

Lernen durch Reden

Ein besonders wirkungsvoller Lernweg ist es, wenn Eltern ihren Kindern immer wieder Gelegenheit bieten, über den Lernstoff zu reden. Indem das Kind Ihnen als Eltern erklärt, worum es bei diesem oder jenem geht, lernt es selbst eine ganze Menge dabei. Daß dies einem Urbedürfnis entspricht, sehen wir darin, daß Kinder mit großer Hingabe »Schule« und »Lehrer« spielen. Außerdem können Eltern dadurch ihr echtes Interesse an dem zeigen, was ihre Kinder in der Schule lernen. Fragen wie »Na, wie war's?« oder »Habt ihr die Mathearbeit zurückbekommen?« bringen ein Kind weniger zum Reden als offene Fragen:

»In Erdkunde redet ihr gerade über die Nordsee. Ich war noch nie dort. Erzählst du mir was darüber?« oder: »Diese Textaufgabe verstehe ich auch nicht ganz. Kannst du mir sagen, was man da ausrechnen muß? Wie verstehst du die Aufgabe?«

»Docendo discimus – durch Lehren/Erklären lernen wir« heißt dieser uralte, aber immer noch wirkungsvolle Lerntip aus dem alten Rom.

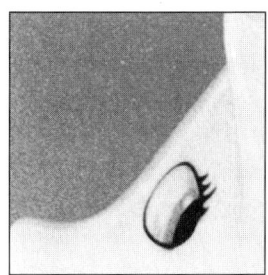

Knubbelei Nr. 7: Die lustige Karawane

Heute möchte ich dir ein lustiges Gedicht von Hugo Ball zeigen. Auf den ersten Blick wird es dir wahrscheinlich ziemlich komisch vorkommen. Schaffst du es aber trotzdem, dich eine Weile damit zu beschäftigen? Lies es erst einmal still für dich durch:

Karawane

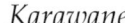

jolifanto bambla ó falli bambla
grossiga m'pfa habla horem
égiga goramen
higo bloiko russula huju
hollaka hollala
anlogo bung
blago bung
bosso fataka
ü üü ü

schampa wulla wussa ólobo
hej tatta górem
eschige zunbada
wulubu ssubudu uluw ssubudu
tumba ba – umf
kusagauma
ba – umf ba umf

Traust du dich jetzt, diese Zeilen laut zu lesen? Die fettgedruckten sogar ganz besonders laut? Spürst du dabei etwas von dem Stimmengewirr und Getrampel einer Karawane, die durch die Wüste zieht? Wenn nicht, versuche es doch noch einmal.

Würdest du dieses »arabische Gedicht« deinen Geschwistern, deiner Mutter oder deinem Vater vorlesen? Kannst du anschließend etwas darüber erzählen, was dieser »Unsinn« zu bedeuten hat?

Du darfst hier munter drauflos erfinden. Vielleicht findest du auf einmal selber etwas, was dir beim ersten Lesen überhaupt nicht aufgefallen war.

Doch wenn du mit dieser Übung trotzdem nichts Rechtes anzufangen weißt, war es allein schon eine tolle Konzentrationsleistung, diese merkwürdigen Silben einigermaßen flüssig zu lesen. Mein Kompliment! Deshalb darfst du jetzt den siebten Faden auch besonders dick in dein Erfolgsnetz knüpfen.

Ursachen für Konzentrationsstörungen

Konzentrationsstörungen haben immer einen Grund. Deshalb können Sie auch nur behoben werden, wenn man diesen Grund kennt.

Bei dem einen treten Konzentrationsstörungen vor allem dann auf, wenn er etwas machen soll, wozu er keine rechte Lust hat oder dessen Sinn und Zweck er nicht einsehen kann. Der andere weiß einfach nicht, wie er am besten an die Aufgaben herangehen soll. So schiebt er sie vor sich her und erlebt diese Aufgabe als persönlichen Mißerfolg. Der nächste wiederum ist mit seinen Gedanken ständig bei anderen Dingen, vielleicht beschäftigen ihn persönliche Probleme viel intensiver, er ist sozusagen ganz woanders konzentriert.

Viele Kinder sind zudem in Gefahr, schon früh in den Kreislauf von Hektik und Streß zu geraten, in dem sich die meisten Erwachsenen heutzutage befinden. Im Gegensatz zu den Erwachsenen ist das Kind aber in einer Lernphase, in der es sehr, sehr aufnahmefähig ist. Dadurch kann es einerseits enorme Lernleistungen vollbringen, nimmt andererseits aber auch alle äußeren Reize viel intensiver in sich auf. Und diese äußeren Reize sind ebenso vielfältig, daß das Kind kaum noch Möglichkeiten der Ruhe und Besinnung findet. So sind viele Kinder nicht mehr in der Lage, alle Reize zu verarbeiten.

Da ist einmal das akustische Umfeld. Viele Leute haben sich so an einen Geräuschpegel gewöhnt, daß sie ihn nicht mehr wahrnehmen – und doch sind alle Nebengeräusche Störfaktoren, zum Beispiel das Poltern der Waschmaschine, das Brummen der Spülmaschine oder das Heulen des Staubsaugers.

Schlimmer als monotone Geräusche sind aber die ständig wechselnden, wie zum Beispiel eingeschalteter Fernseher, Telefon, Unterhaltung oder spielende Geschwister.

Eltern, die dafür sorgen, daß das Kind ohne Störungen arbeiten kann, nehmen die Arbeit des Kindes ernst, unterbrechen diese auch nicht gedankenlos durch Zwischenfragen oder irgendwelche Besorgungswünsche.

Sich zu konzentrieren bedeutet, bei einer Sache zu verweilen und zwar ganz und ohne Ablenkung. Wenn wir unter diesem Aspekt das Fernsehen betrachten, wird besonders deutlich, wann es die Nervosität fördert und wie ein sinnvoller Umgang damit aussehen kann. Wer sich zum Beispiel die Werbung ansieht, wird innerhalb kürzester Zeit ständig wechselnden Bildern und Geräuschen ausgesetzt, die in keinem inhaltlichen Zusammenhang stehen. Genauso geht es den Programmspringern, die ständig von einem Kanal zum anderen umschalten und so gleichzeitig viele Sendungen konsumieren, um ja möglichst viel mitzubekommen. Sich für eine Sendung zu entscheiden, bedeutet ja, auf die andere zu verzichten.

Zu diesen äußeren Faktoren im Umgang mit diesem Medium kommen natürlich die inhaltlichen dazu. Eindrücke müssen verarbeitet werden. Wenn man eine Sendung angeschaut hat, braucht man anschließend Zeit, darüber nachzudenken. Ich bin schließlich während der Sendung zu passivem Zuhören verurteilt. Meine Meinung, meine Einwände oder Zustimmung, meine Angst oder Wut, meinen Zorn, aber auch meine Freude kann ich niemandem mitteilen. Sie sind für den Ablauf des Filmes völlig unerheblich. Um so wichtiger ist, daß ich mir hinterher Zeit nehme, nachzudenken und darüber zu reden. Doch es folgt sofort die nächste Sendung. Die Konsequenz ist, daß sich ein Berg unverdauter Eindrücke im Innern ansammelt und man mit der Zeit Empfindungen gegenüber abstumpft. Deshalb hält die vielzitierte Betroffenheit bei Katastrophenmeldungen genau so lange an, bis die nächste Sendung kommt.

Können wir uns vorstellen, was es bedeutet, daß ein zwölfjähriges Kind schon zwischen 13.000 und 14.000 Tötungen – am Bildschirm – miterlebt hat? Ist es verwunderlich, daß gerade dann, wenn ich mich auf eine Rechenaufgabe konzentrieren soll, plötzlich einige Bilder und Eindrücke mir durch den Kopf gehen, die damit absolut nichts zu tun haben?

Aber nicht das Fernsehen allein ist an allem schuld. Andreas Huber schreibt in einem Aufsatz in *Psychologie heute*, Heft 11/93:

»Wir sind auf dem besten Wege in die ›unkonzentrierte Gesellschaft‹, und die Gründe dieser Entwicklung lassen sich unter dem Stichwort ›Fast Life‹ zusammenfassen: Fast-Food, Hast und Hektik, Konsum und Konsumterror, Dauerstreß in Arbeit und Beruf, Familie und Freizeit … Die damit einhergehende Lebensstimmung spiegelt sich in einem Graffiti: *The only function of the nervous system is to keep the body constantly nervous* – die einzige Funktion des Nervensystems besteht darin, den Körper ständig nervös zu halten. Wie bei einer Sucht immer mehr Stoff nötig ist, um den inhaltlich immer bedeutungsloser werdenden Erlebnis-Thrill zu ermöglichen, sorgt die Konsum- und Überflußgesellschaft vergleichbar für nie versagende äußere Reizströme: Von allem – Essen, Trinken, Unterhaltung, Kleidung, Termine, Medien, Information, Video, Mode, Reisen – gibt es nicht nur reichlich, sondern auch immer mehr. Und vor allem: immer schneller … Die Lebensunzufriedenheit des heutigen Menschen kann nur vor dem Hintergrund einer zunehmenden Unfähigkeit zur Konzentration verstanden werden.«

Knubbelei Nr. 8:
Die 120-Sekunden-Übung

Meine nächste Knubbelei hat es in sich. Sie liest sich ganz harmlos, aber sie zwei Minuten so durchzuhalten, ist eine wirklich tolle Leistung. Willst du mal versuchen, ob du es schaffst?

Dazu benötigst du eine Uhr mit Sekundenzeiger. Nimm diese in die Hand und setze dich irgendwo in Ruhe hin, entspanne dich einen Augenblick lang und schau nur auf die Uhr. Konzentriere dich dann nur auf die Bewegung des Sekundenzeigers.

Achte zwei Minuten lang nur auf die Bewegung des Sekundenzeigers, als ob es nichts Wichtigeres auf der Welt gäbe.

Wenn du den Faden verlierst, weil du über etwas anderes nachgedacht hast oder weil deine Gedanken einfach spazierengingen, halte an, sammle deine Aufmerksamkeit und beginne von vorn. Versuche bitte, zwei volle Minuten lang konzentriert zu bleiben. Höre nun auf zu lesen, nimm dir also eine Uhr und führe die Übung aus.

Beginne jetzt.

Wenn du das geschafft hast, kannst du es mit Stufe 2 versuchen: Lege die Uhr direkt vor den Fernseher, während gerade ein Film oder eine interessante Sendung läuft oder, noch besser, Werbung. Versuche, genau zwei Minuten lang nur auf die Bewegungen des Sekundenzeigers zu achten. Erlaube dem Fernseher nicht, daß er deine Aufmerksamkeit fesselt und dich von der Uhr ablenkt.

Bei Stufe 3 wir es noch härter:
Richte deine Aufmerksamkeit halb auf die Bewegung des Zeigers und halb auf diese Zahlenreihe. Sage im Geiste immer wieder die Zahlen

2, 4, 6, 8, 10, 8, 6, 4, 2, 4, 6 usw.

rauf und runter und behalte beide Dinge im Kopf. Sobald du merkst, daß du auch über anderes nachzudenken beginnst oder den Faden verloren hast, fange wieder von vorn an. Halte wenigstens zwei Minuten lang durch.
(Frei nach Tom Wujec: *Schneller schalten als andere*, Ariston Verlag, Genf 1991)

Wenn du alle drei Stufen geschafft hast, kannst du wieder einen dicken Faden in dein Erfolgsnetz malen.

Konzentration kann man nicht »wollen«

Konzentration läßt sich nicht erzwingen, weder durch andere noch durch sich selbst. Die bloße Verordnung »Jetzt konzentrier dich endlich!« bewirkt meist das Gegenteil. Sie erzeugt Unwillen oder verbissenes Wollen. Es wird eng, man fühlt sich unter Druck gesetzt. Wer zu sehr unter Erfolgszwang gesetzt wird oder sich selbst darunter stellt, bekommt Angst, Angst vor dem möglichen Mißerfolg.

Dabei wird Erfolgszwang fast immer von außen gesteuert. Unter Erfolgszwang steht nämlich nur, wer auf die Bewertung seiner Leistung durch andere schaut, meist sogar ängstlich danach schielt. Man verkrampft sich innerlich und bleibt dadurch hinter der möglichen Leistung zurück. Wir alle kennen solche Situationen: Man meint, etwas besonders gut machen zu müssen – und schon geht alles schief.

Konzentration aber kann nicht von außen verordnet werden. Sie erfordert die innere Bereitschaft, den eigenen Willen *ohne* Erfolgszwang. Konzentriert arbeiten kann nur, wer seine Gedanken ausgeglichen und zuversichtlich auf ein gestecktes Ziel richtet.

Das setzt Distanz und Gelassenheit voraus. Könnten Sie zum Beispiel konzentriert arbeiten, wenn Ihnen jemand »ständig auf die Pelle rückt« und kontrollierend auf die Finger schaut? Solche Argusaugen blockieren Kinder ganz genauso. Wer sein Kind dauernd ermahnt: »Nun bleib doch mal still sitzen!« oder antreibend neben ihm sitzt: »Nun mach schon endlich!«, verzehrt damit seine eigene Geduld. Von dort ist es zum Ärger nicht mehr weit.

Nichts strapaziert die Nerven mehr als Ärger. Wer strapazierte Nerven hat, ist als Trainer ungeeignet, zumindest bei der Förderung der Konzentration. Ungeduld mit sich und anderen führt bald zu übermäßiger Kritik. Kritik aber muß sparsam eingesetzt werden, und sie soll aufbauend sein. Sie darf nicht in ständige, kleinliche Nörgelei ausarten. Vor allem

darf sie das Ehrgefühl des Kindes nicht verletzen, und sie sollte auf keinen Fall zum Abreagieren des eigenen Ärgers eingesetzt werden.

Kritik ist dann positiv, wenn Kritiker und Kritisierte sich dabei noch einigermaßen wohl fühlen können. Das ist meistens dann der Fall, wenn man die Vorzüge des anderen und seines Tuns beim Erteilen oder Entgegennehmen von Kritik nicht völlig aus den Augen verliert.

Konzentrationsstörungen sind häufig die Folge von allgemeiner Unzufriedenheit, von Sorgen und Kummer mit der familiären Situation (zum Beispiel fortgesetzte Streitigkeiten, Trennungsängste oder -schmerzen) oder mit der eigenen Persönlichkeit (beispielsweise Schüchternheit, Mißerfolgsängste oder Minderwertigkeitsgefühle).

Jede seelische Überlastung beeinträchtigt die geistigen Funktionen.

Solche Belastungen zeigen sich häufig auch in der Verspannung der Muskulatur. Wer beim Schreiben zum Beispiel die Zähne zusammenbeißt, den Schreibstift verkrampft umklammert oder verspannt und verbogen dasitzt, schafft unnütze Anspannungen, die der geforderten Leistung überhaupt nicht dienen. Also ein völlig unnötiger Kräfteverschleiß. Unbewußt schafft sich der Organismus durch Gegenbewegungen wenigstens »etwas Luft«. Man kann das sehr gut feststellen an dem nervösen Zappeln und Herumhampeln oder dem »Nähmaschinen-Effekt«, bei dem Fuß und Bein in ständiger trippelnder und wippender »Lockerungsbewegung« sind.

Wer sich konzentrieren soll, muß sich erst einmal entspannen können. Und das wiederum ist nicht in Hektik oder mit unbedingtem Wollen zu erreichen. In der Selbst-Aufforderung »Ich will, daß ich jetzt endlich ruhig werde!« sind Unruhe und Ungeduld mitprogrammiert. Die Folge: Man wird immer unruhiger. Dahinter steckt nämlich der Gedanke, daß ich es mir gar nicht richtig vorstellen kann, es wirklich zu schaffen.

Ruhe kann nur in Ruhe kommen.

Wer sich zur Ruhe kommen läßt, strahlt auch Ruhe aus.

Wer Ruhe ausstrahlt, wird zum ruhenden Pol.

In einer solchen Atmosphäre kann Konzentrationsfähigkeit gedeihen. Jede Tätigkeit kann dabei ausklingen, hat den kleinen erforderlichen Zeitraum, nachzuschwingen.

So sollte man eine Tätigkeit, ein Spiel, eine Fernsehsendung oder eine Mahlzeit nicht abrupt beenden, häufig unterbrechen oder mittendrin abbrechen. Wird eine Tätigkeit nämlich mit Bedauern abgebrochen, um eine neue Aufgabe beginnen zu müssen, würde das die Aufmerksamkeit teilen. Die Gedanken blieben bei der unterbrochenen Tätigkeit hängen, die Konzentration würde nicht auf einen Punkt hin gesammelt, sondern die Aufmerksamkeit würde sich sprunghaft zwischen zwei Positionen bewegen. Das gilt auch für das Nachschwingen von Gefühlen. Wer eine Beleidigung, Kränkung oder Zurücksetzung zu verarbeiten hat, kann sich erst dann wieder auf seine richtige Arbeit konzentrieren, wenn er eine Phase der Entspannung zwischengeschaltet hat.

Eltern können die Konzentrationsfähigkeit ihrer Kinder spürbar verbessern, wenn sie sich selbst bemühen, aus innerer Ruhe und Selbstsicherheit heraus diese Werte auch ihren Kindern zu vermitteln.

Kinder lernen durch Nachahmen. Nicht zuletzt deshalb lohnt es sich immer wieder, beim Essen zu essen, beim Lesen zu lesen, beim Fernsehen fernzusehen oder beim Nichtstun nichts zu tun …

Knubbelei Nr. 9: Eine besonders harte Nuß

Für diese Übung benötigst du mindestens 15 bis 20 Nüsse, obwohl du nur eine einzige brauchst. »Das fängt ja schon wieder komisch an«, wirst du jetzt denken. Aber wie so oft, gibt es auch dafür einen guten Grund.

Wenn du also ungefähr 20 Nüsse in einem Körbchen oder einer Schale vor dir hast, nimmst du dir die erstbeste heraus. Und schon geht es los mit dem

1. Schritt:
Betrachte die Nuß ganz genau und untersuche sie nach einem besonderen Merkmal. Schließe zwischendurch die Augen und stell dir vor, wie dieses besondere Merkmal aussieht. Dann schaust du nach, ob deine Vorstellung richtig war. Nach ungefähr einer Minute kommst du zum

2. Schritt:
Du suchst nun bei geschlossenen Augen mit deinen Fingern nach dem besonderen Merkmal. Du fühlst die Stelle und stellst sie dir so genau wie möglich vor. Von Zeit zu Zeit setzt du einen kurzen Kontrollblick ein, ob Vorstellung und Wirklichkeit übereinstimmen. Wenn du dich in dieser Weise wieder eine Minute lang mit der Nuß befaßt hast, folgt der schwierige

3. Schritt:
Gib die Nuß deiner Mutter, deinem Vater oder einem deiner Geschwister und beschreibe nur mit Worten, welches besondere Merkmal du an dieser Nuß entdeckt hast. Wer dir gut zuhört, soll dir dann die Stelle zeigen, die du meinst. Hat es geklappt? Dann gehst du zum

4. Schritt:
Gib die Nuß zurück in das Körbchen oder in die Schale und mische alle durcheinander. Stelle die Nüsse nun zur Seite und mache dir kurz ein paar Gedanken über diese Fragen:
Bin ich sicher, daß ich meine Nuß später wieder herausfinde?
Warum kann ich diese Nuß jetzt »meine Nuß« nennen?
War diese Übung eine sinnvolle Tätigkeit oder nur nutzlos vertane Zeit? (Wieso, warum?)

Hast du dich wirklich mit allen drei Fragen beschäftigt? Bist du mit deinen Antworten zufrieden? Wenn nicht, überlege noch einen kurzen Augenblick, ob du nicht doch eine zufriedenstellende Antwort findest. Oder fällt dir sonst vielleicht eine andere, bessere Frage ein?

Nach dieser äußeren und inneren Betrachtung folgt zum Schluß der

5. Schritt:
Findest du deine Nuß wieder? Dann freue dich doch über deine Fähigkeit, daß du den richtigen Durchblick hast. Du läßt dich nicht so schnell verwirren, weil du ganz genau hinschaust. Da paßt es gut zu dir, was der berühmte Detektiv Sherlock Holmes einmal gesagt hat: »Wenn du ein Problem zu lösen hast, dann achte auf die kleinen unscheinbaren Dinge.«

Meinst du nicht auch, daß es sich lohnt, diesen Detektivblick etwas mehr zu trainieren? Fällt dir noch ein anderes Beispiel ein, wo, mit wem und mit was das möglich wäre?
Was hältst du davon, diese Übung mal mit Äpfeln, Kartoffeln, Zitronen, mit Haselnüssen oder sogar mit Hühnereiern zu probieren?
Am Ende kannst du stolz von dir behaupten: »Meinem Adlerauge entgeht so schnell nichts mehr!«
Wenn du aber die »dumme« Nuß nicht wiederentdeckst, versuche die Übung mal an einem anderen Tag – mit einer neuen Nuß.

Auf jeden Fall kannst du nach dieser Knubbelei den nächsten Faden, inzwischen schon den neunten, in dein Erfolgsnetz ziehen.

Aufmerksam und zielgerichtet

Wie bin ich überhaupt in der Lage, mich auf etwas zu konzentrieren, das mich eigentlich gar nicht interessiert? Ganz abgesehen davon, daß unserer Konzentration bestimmte Grenzen gesetzt sind, weil die Aufmerksamkeit wie der wahrnehmende Blick unstet umherschweift. William James beschrieb dieses Phänomen so: »Keine willentliche Aufmerksamkeit kann länger als einige wenige Sekunden am Stück durchgehalten werden. Was wir als durchgehaltene willentliche Aufmerksamkeit bezeichnen, sind kontinuierlich wiederholte Anstrengungen, dem Geist den jeweiligen Gegenstand ›zurückzubringen‹«. (Andreas Huber: »Konzentration: Sind Sie noch bei der Sache?«, in: *Psychologie Heute*, Heft 11/93) Diese »Anstrengung« kann man trainieren.

Allerdings setzt dieses Training voraus, mit möglichst wenig Kraftanstrengung auszukommen. Konzentration läßt sich nicht erzwingen. Konzentration kann man nicht »wollen«. Wer sich konzentrieren *will*, erreicht meist das Gegenteil.

Der Weg zum Wollen oder »Wollenkönnen« beginnt beim Interesse. So betrachtet wird Konzentration zur Kunst, mit sich und der Welt auszukommen, geradezu befreundet sein zu können mit ihr. Und wie alle echten Freundschaften kann man sie gar nicht genug hegen und pflegen.

Die besten Wege, die zu diesem Ziel führen, heißen »Sinnesschulung«. Wir können unsere Konzentration nur verbessern, wenn wir »bewußter wahrnehmen, bewußter empfinden, bewußter denken, bewußter leben«; dies gilt auch umgekehrt: Ein erweitertes Sinnesbewußtsein verbessert und vertieft unsere Aufmerksamkeits- und Konzentrationsfähigkeit.

So entsteht mehr und mehr Freude an den eigenen Fähigkeiten, Spaß und Begeisterung rücken in den Mittelpunkt, Motivation wird zur Antriebskraft.

Willst du ein Schiff bauen, so trommle nicht Männer zusammen, um Holz zu beschaffen, Werkzeuge vorzubereiten, die Arbeit einzuteilen und Aufgaben zu vergeben – sondern lehre die Männer die Sehnsucht nach dem endlosen weiten Meer!

Antoine de Saint-Exupéry

»Gut und schön«, werden Sie vielleicht denken und gleich die Frage anhängen: »Und wie lehre ich die Sehnsucht?«

Da ist zunächst einmal die emotionale Ebene zu beachten, das heißt Gefühle zulassen, wahrnehmen, ernst nehmen. Positive Gefühle lassen sich weder verordnen noch auf Kommando herbeiführen. Sehnsucht entwickelt sich nur allmählich. Sie beginnt (wie jede Sucht …) in harmlosen, eher unscheinbaren Formen. Sie braucht Zeit und Raum, Frei- und Spielraum. Und sie muß nicht uneingeschränkt positiv, im Sinne von Nutzen, sein.

In dieser Hinsicht vertane Zeit kann als »Kunst des Faulenzens« eine wichtige Voraussetzung sein für die elementare Fähigkeit zum Entspannen. Faulenzen als natürlichste, älteste und schönste Form der Entspannung. »Faulenzen hat viel Gemeinsamkeit mit dem Konzentrieren: Es ist notwendig, sich

ganz darauf einzustellen« (Reinhard Schober: *Besser konzentrieren. Ein Trainingsprogramm*, Humboldt-Taschenbuchverlag, München 1993). Sich Faulenzen verordnen zu lassen und ohne Gewissensbisse faul sein zu können oder gar zum Nichtstun verurteilt zu werden, kann das Bedürfnis nach aktiver Tätigkeit, nach Bewegung, fördern und bis zur »Sehnsucht« steigern.

Trotzdem hier ein paar »Werkzeuge« für den Hausaufgaben-Alltag:

Drei bewährte »Werkzeuge« zur Konzentrationsförderung

1. Tue, was du tust
Nicht mehrere Tätigkeiten gleichzeitig erledigen, zum Beispiel während dem Frühstück Zeitung lesen oder beim Lesen fernsehen. Als Eltern diesbezüglich öfter »konzentriertes Modell« für die Kinder sein.

2. Klare Aufgabenverteilung
Jedes Familienmitglied hilft im Haushalt mit und hat einen Aufgabenbereich, für den es »hauptverantwortlich« zuständig ist, zum Beispiel Geschirr abspülen, Abfalleimer wegtragen usw. Konzentrationsförderung ist auf Selbstdisziplin angewiesen. Diese beginnt bei einem geregelten Tagesablauf mit gemeinsam festgelegten Vereinbarungen.

3. Störungsfreier Arbeitsplatz
Zu einer lernfreundlichen Umgebung gehört ein aufgeräumter Arbeitsplatz, auf dem nur Dinge liegen, die für die gerade zu erledigenden Aufgaben benötigt werden. Störungsfrei heißt auch, keine beliebigen Unterbrechungen vornehmen durch »Kurzaufträge« für andere kleine Besorgungen oder Handreichungen.

Knubbelei Nr. 10: Mein Duft-Memory

Hin und wieder bekam ich schon zu hören, ich sei ein stinkfauler Kerl. Das ist aber auch kein Wunder, denn es gibt eine Reihe von Hausaufgaben, die mir einfach stinken. Und ich will nicht verschweigen, daß ich Lehrer kenne, die ich nicht riechen kann. Während ich mir bei diesen Gedanken die Nase reibe, kommt mir plötzlich eine »dufte« Idee: Ich trage zehn starkriechende Gegenstände und Gewürze zusammen, zum Beispiel:

Radiergummi
Zitrone
Orange
Zimt
Teeblätter oder -beutel
Kaffeebohnen oder -pulver
Schokolade
Kaugummi oder Pfefferminz
Vaters Rasierwasser
Mutters Parfum

Nun beginnt die Duft-Knubbelei. Hast du Lust, mitzumachen? Dann bitte doch jemanden, zehn solcher Geruchskörper für dich zusammenzutragen. Inzwischen verbindest du dir die Augen.
Dein »Jemand« verteilt nun seine Düfte (das ist nichts Unanständiges …) an verschiedenen Stellen im Zimmer. Weil du nicht zugeschaut hast, weißt du auch nicht, welcher Geruchskörper an welcher Stelle liegt.
Deine Hilfsperson trägt danach auf einem Zettel alle diese Plätze ein. Zum Beispiel:

Fensterbank . . . .

Heizkörper . . . .

Stuhl . . . .

Fernseher . . . .

Schreibtisch . . . .

Kassettenrecorder . . . .

Blumenvase . . . .

Hausaufgabenheft . . . .

Schultasche . . . .

Sofakissen . . . .

Anschließend läßt du dich von Duft zu Duft führen.
An jeder Duftstelle bekommst du als erstes gesagt, wo du gerade bist, zum Beispiel: »Hier stehst du vor der Fensterbank.«
Du merkst dir die Stelle und schnupperst »blind« nach dem besonderen Duft.
Wenn du ihn erraten hast, merkst du dir, an welcher Stelle es zum Beispiel so nach Zitrone riecht.
Dann läßt du dich zur zweiten Riechstation führen. Du hörst wieder, wo du bist, riechst intensiv, errätst den Duft und merkst dir den Ort, wo es so duftet.
Wenn du dich so durchgeschnuppert hast, versuchst du, auf dem Zettel mit den Duftstationen überall den richtigen Duft einzutragen.
Bei mindestens fünf ri(e)chtigen Treffern bekommt dein Erfolgsnetz jetzt den zehnten Faden.

Konzentrieren heißt: Mit sich allein sein können

Zu den negativsten Folgen eines unkonzentrierten Lebensstils zählt die Tatsache, daß der Körper in Mitleidenschaft gezogen werden kann: »Wir ignorieren und mißbrauchen ihn immer wieder, bis er schließlich aus dem Gleichgewicht gerät«, schreibt der amerikanische Streßtherapeut und Verhaltensmediziner Jon Kabat-Zinn in seinem Buch *Gesund und streßfrei durch Meditation* (O.W. Barth/Scherz Verlag, München 1991). In seiner Streßklinik muß Kabat-Zinn regelmäßig erfahren, »daß manche Menschen regelrecht vergessen haben, wie es sich anfühlt, völlig entspannt zu sein.«

In unserer leistungsorientierten Gesellschaft muß dies überraschen, denn das »eigentliche Geheimnis der Meister auf allen Gebieten vom Golfspielen bis zum Beten« (Aldous Huxley) liegt im Optimum der »dynamischen Entspannung« eines entspannten Körpers und gleichzeitig ruhigen, wachen Geists. Dieser Zustand der dynamischen Entspannung oder entspannten Konzentration läßt sich am besten über den Atem erreichen: »Das Atmen ist etwas äußerst Beruhigendes«, bemerkt Kabat-Zinn, »sich auch nur für kurze Zeit darauf zu konzentrieren, das heißt bewußt atmen, verleiht uns Stabilität und erinnert uns daran, daß unterhalb der aufgepeitschten Oberfläche unserer Gedanken und Gefühle tiefe Ruhe und Frieden herrschen.« Denn sich auf den Atem zu konzentrieren bedeutet gerade, das Hier-und-Jetzt, den Augenblick aufmerksam und »wachen Geistes« zu erleben und unser Bewußtsein fest im Körper zu verankern – für Kabat-Zinn die Grundlage der Achtsamkeit.

Achtsamkeit bedeutet, die Aufmerksamkeit im Jetzt zu verankern – und ist gerade deswegen von einer so weittragenden alltäglichen Bedeutung, weil sie praktisch überall angewendet werden kann: beim Gehen, Stehen, Zuhören, Reden, Essen und Arbeiten. Oder beim Abspülen – »Sie brauchen den Abwasch nicht unbedingt schnell und irgendwie hinter sich zu bringen«, betont Kabat-Zinn, »um endlich Zeit für die anderen, wichtigeren und interessanteren Dinge des Lebens zu haben, weil eben jeder Moment, in dem Sie den Abwasch erledigen, Ihr Leben ist. Das Jetzt, dieser Augenblick, ist Ihr Leben, diese Minute, dieser Tag, nicht der morgige. Wir vergeuden unendlich viel kostbare Zeit, wenn wir nicht begreifen, daß unser Leben aus den unzähligen Augenblicken des Jetzt besteht, denen wir unsere Aufmerksamkeit schenken müssen, anstatt in Gedanken immer woanders zu sein.

Versuchen Sie also, jede Tasse, jeden Teller und jeden Topf bewußt zu erfassen, nehmen Sie jede Bewegung wahr, die der Körper beim Abspülen ausführt, wie auch den Atem und die Vorgänge in Ihrem Geist.«

Wem dies alles zu »östlich«, meditativ oder sonst zu »irrational« erscheint, sei auf das rationale westliche Konzept des »Aktiven Denkens« (Mindfulness) der amerikanischen Sozialpsychologin Ellen Langer verwiesen. Die Nähe dieses existentiell konzentrierten und lebendigen Denkens zur östlichen Achtsamkeit ist auffallend: »Mindfulness« wird von Langer in ihrem Buch *Aktives Denken. Wie wir geistig auf der Höhe bleiben* (Rowohlt Verlag, Reinbek 1991) nämlich charakterisiert als ein Denken voller Aufmerksamkeit, Nachdenklichkeit, Perspektivenvielfalt, Konzentriertheit und nuancierter kategorialer Offenheit.

In aufsehenerregenden Untersuchungen konnte Langer in den letzten Jahren nachweisen, daß solch aktives Denken zudem eine sprichwörtliche Lebendigkeit aufweist, die bei älteren Menschen nachweislich gesundheitsfördernd und lebensverlängernd wirkt.

In seiner *Kunst des Liebens* (Deutsche Verlags-Anstalt, Stuttgart, 7. Aufl. 1990) betont auch Erich Fromm nachdrücklich die achtsame »Kunst der Konzentration« auf das Hier-und-Jetzt: »Sich zu konzentrieren ist in unserer Kultur noch weit schwieriger, wo alles der Konzentrationsfähigkeit entgegenzuwirken scheint. Der wichtigste Schritt dazu ist lernen, mit sich selbst allein zu sein, ohne zu lesen, Radio zu hören, zu rauchen oder zu trinken. Tatsächlich bedeutet sich konzentrieren zu können dasselbe, wie mit sich allein sein zu können. Erst wer zu Eigendisziplin, Geduld und Konzentration in der Lage ist, kann für sich auch Liebes- und Hingabefähigkeit entwickeln.«

Die Klugheit des konzentrierten Lebensstiles besteht so gesehen auch darin, dem klassischen Lebensideal des »Verweile doch, du Augenblick, du bist so schön« in allem, was man macht, näherzukommen, Verwurzelung und inneren Frieden zu finden.

Einen konzentrativen, aufmerksamen und achtsamen Lebensstil – ganz im Sinne der immer häufiger propagierten »Entdeckung der Langsamkeit« – zu kultivieren, ist also unter mehreren Perspektiven vielversprechend. Negativ formuliert: Wer sich nicht konzentrieren kann, ist auch unfähig, frei zu sein, wird früher krank und schneller alt. Positiv ausgedrückt: Im Vergleich zum zerstreuten Tun wird dasjenige, was man konzentriert macht, immer erfolgreicher, klarer und lebendiger sein.

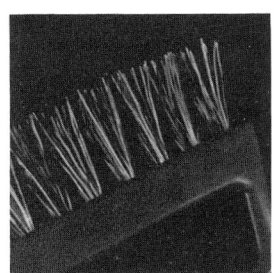

Knubbelei Nr. 11: Auf Steinsuche

Heute möchte ich dich zu einem Suchspiel einladen. Auf dem Foto nebenan siehst du einen Haufen Steine. Einen davon möchte ich dir gern als »Konzentrationsstein« schenken. Diesen ganz bestimmten Stein beschreibe ich dir jetzt, so gut ich kann.

Erster Hinweis:
Er ist ziemlich dunkel und sieht ein bißchen aus wie ein Osterei.

Zweiter Hinweis:
Er trägt eine Art weißen Gürtel.

Findest du ihn schon nach diesen ersten beiden Hinweisen? Wenn du noch nicht sicher bist, lies bitte weiter.

Dritter Hinweis:
Links neben ihm liegt ein etwas größerer, heller Stein, rechts von ihm ein etwas größerer, dunkler.

Hast du ihn jetzt? Dann lies noch zur Kontrolle diesen Tip:
Wenn du dir das ganze Foto wie das Zifferblatt einer Uhr vorstellst, liegt der gesuchte Stein ungefähr bei 4:20 Uhr.

Suchst du dir jetzt noch einen anderen Stein aus, den deine Mutter oder dein Vater finden sollen? Beschreibst du ihn mit ähnlichen Hinweisen, wie ich sie dir gegeben habe?
Du merkst wahrscheinlich, daß das gar nicht so einfach ist. Beschreiben ist fast noch schwieriger als Suchen. Aber es ist eine gute Übung, mit der du dir einen schönen Weg zu einer immer besseren Konzentration pflastern kannst.
Bringt mein Konzentrationsstein dich noch auf ganz andere Such-Ideen?
Selbst wenn dir heute nichts mehr einfällt, den elften Faden für dein Erfolgsnetz hast du dir allemal gesichert.

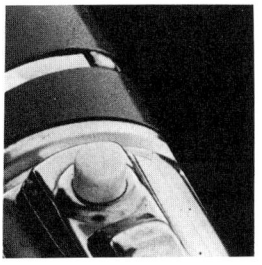

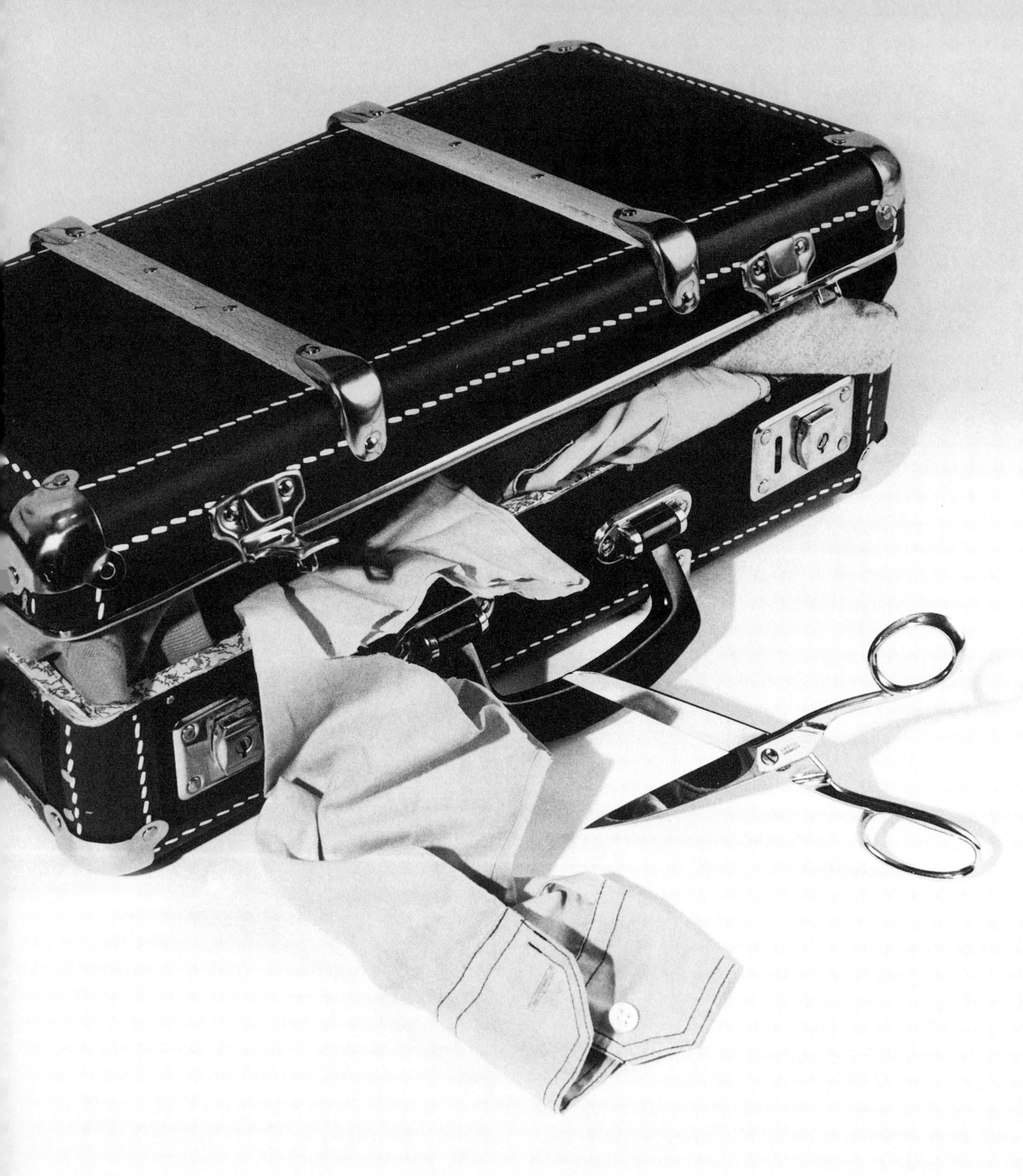

Zuviel des Guten ist schlechter als gut

Timo hat ein wunderbares Kinderzimmer. Die Regale sind voller Spiele und Bücher, alles sinnvoll und pädagogisch wertvoll. Wir finden die Deutschlandreise, Europareise, Weltreise, Quizfragen zu allen möglichen Gebieten, physikalische und chemische Experimentierkästen, Umweltspiele, Anleitungen zu Naturbeobachtungen, diverse Geschicklichkeits- und Konzentrationsspiele, Fischertechnik usw.

Auch seine Bücher sind alle sehr lehrreich, die mit großem Aufwand kindgerecht Wissen vermitteln wollen. Neben einigen umfangreichen Kinderlexika stehen prächtige Sachbände über Steinzeitfunde, das Leben in anderen Kulturen, Planeten und Sonnensysteme, Dinosaurier, Entdeckungen und Erfindungen, die alten Ägypter, Tier- und Pflanzenbücher, über die Entwicklungsgeschichte des Menschen, wie es im Innern des Körpers aussieht usw.

Timos Eltern, Tanten und Onkel und alle, die ihm zu Geburtstag, Weihnachten und Ostern mit Geschenken erfreuen (müssen), wollen ihm sinnvolle Dinge schenken, solche, bei denen man nebenbei etwas lernt und die von ihrer Aufmachung her jedes Kind zum Lesen und Spielen auffordern.

Doch Timo interessiert das alles nicht. Statt sich über die römischen und keltischen Funde in seiner Heimat zu informieren, liest er lieber Witzbücher oder Lucky Luck. Warum?

Jedes Buch oder Spiel für sich allein ist sinn- und wertvoll. Doch die Riesenmenge davon wirkt lähmend und erstickt oft das Interesse daran schon im Keim. Außerdem beantworten die Bücher viele Fragen, die Timo noch gar nicht stellt. Möglicherweise hat er durch die Vielzahl der Bücher immer optisch vor Augen, daß der Wissensstoff für seinen kleinen Kopf viel zu umfangreich ist. Also fängt er lieber gar nicht erst an.

Was braucht ein Kind noch mehr?

Das Kinderzimmer läuft vor Glück fast über,
mit Kuscheltier und Flummiball,
mit Puppenhaus und Pferdestall,
Roulette, Jojo, Monopoly,
das hatten wir noch nie.

Das Fotoalbum voll mit schönen Bildern:
Da spielt sie braungebrannt am Strand,
hat Luftballons in ihrer Hand,
und hier schmückt sie den Tannenbaum,
mehr bieten kann man kaum.

Herr Doktor, haben wir was falsch gemacht?
Die Kleine ist so still und hat so lange nicht
mehr gelacht.

An Langeweile kann es doch nicht liegen.
Sie hat das neueste Telespiel
und liest zum Glück noch ziemlich viel,
und außerdem, so oft sie kann,
ruft sie die Freundin an.

An Taschengeld kann es ihr auch nicht
fehlen.
Sie lädt die halbe Klasse ein,
und sie genießt, beliebt zu sein,
ist gut gekleidet jeden Tag.
Was sie nur haben mag?

Herr Doktor, haben wir was falsch gemacht?
Die Kleine ist so still und hat so lange nicht
mehr gelacht.

Ihr Tennislehrer sagt, sie macht sich prima,
auch im Ballett ist sie ganz groß,
und sie spielt Mozart tadellos,
und ihren Hund liebt sie so sehr.
Was braucht ein Kind noch mehr?

Aus: Rolf Zuckowski: *Rolf's Kinderliederbuch*, Bd. 2
© Mit freundlicher Genehmigung MUSIK FÜR DICH
Rolf Zuckowski OHG

Gedanken dürfen auch spazierengehen …

Gerade in einem äußerst abwechslungsreichen Tagesablauf, einem dichtgedrängten Terminkalender ist es besonders wichtig, Haltestationen einzulegen und Zeit zu »vertun« mit Nachdenken, Träumen und Atmen, einfach nur Atmen.

Oder in Gedanken einen Spaziergang machen: Gehen Sie in Gedanken Wege, die Sie oft zurücklegen. Registrieren Sie dabei alle wichtigen Stationen wie Fußgängerüberwege, Geschäfte, Ämter, Parkplätze, Haltestellen usw.

Oder am Abend ein paar Minuten lang Rückschau halten: Lassen Sie das Tagesgeschehen – vom Aufstehen bis zu diesem Zeitpunkt – noch einmal in allen Einzelheiten im Geist an sich vorüberziehen.

Oder den Blick auf morgen richten: Lassen Sie den vermutlichen morgigen Tagesablauf gedanklich an sich vorüberziehen.

Oder Sie entspannen sich durch eine kleine Phantasiereise:

>»Ich bin auf dem Meer.
>Weit fort von daheim.
>Vergessen ist das Alltagseinerlei.
>Ich bin auf einem schönen, alten Boot.
>Es stammt aus einer anderen Zeit.
>Das Boot gleitet sanft dahin.
>Ich fühle mich wohl.
>Ich schaue in die Wellen, wie sie tanzen:
>Auf und ab. Auf und ab.
>
>Ich spüre meinen Atem:
>Ein und aus. Ein und aus.

Eine warme, sanfte Ruhe durchströmt meinen ganzen Körper.
Mein Blick schweift über den Horizont.
Ich entdecke eine Insel.
Weit, weit entfernt.
Ich will dort hin.
Ich komme näher. Ganz allmählich.
Jetzt kann ich etwas erkennen: Büsche, Palmen, Sandstrand.

Mein Boot nähert sich der Insel.
Das Meer ist ruhig.
Ganz ruhig.

Ich lege am Ufer an, steige aus und ziehe mein Boot an Land,
auf einen weiten, hellen Strand.

Ich fühle den Strand unter meinen Füßen,
den warmen, weichen Sand.

Ich lasse mich nieder und rieche den Duft der Blütenmeere.
Ich schmecke das Salz des Ozeans.
Ich schaue den Wolken am Himmel nach und schließe die Augen.«

(Aus: Else Müller: *Du spürst unter deinen Füßen das Gras*, Fischer Taschenbuch Verlag, Frankfurt/M., 15. Aufl. 1994)

Könnten Sie eine solche Phantasiereise Ihrem Kind vorlesen? Würde es bereitwillig zuhören? Und was halten Sie davon, sich diese Geschichte von Ihrem Kind vorlesen zu lassen?

Knubbelei Nr. 12: Einfach abschalten

Es gibt Menschen,
die können nicht aufhören,
die essen, bis ihnen schlecht wird,
die drehen ihre Musikbox auf, bis sie taub werden,
die gucken Fernsehen und Videos, bis ihnen die Augen flimmern.
Dabei bringen sie sich um den eigentlichen Genuß. Echte Genießer bevorzugen ausgewählte Sachen und genießen sie in kleinen Portionen. Und siehe da, sie haben mehr davon.
Bist du ein echter Genießer? Oder möchtest du einer werden?
Dann bin ich mal gespannt, wie du auf meine Knubbelei von heute reagierst:
Nimm dir das Fernsehprogramm vor und suche dir einen Film oder eine Sendung aus. Es soll etwas sein, was dich wirklich brennend interessiert. (Wenn heute nichts Derartiges im Programm steht, solltest du die Übung auf einen anderen Tag verschieben.)
Hast du etwas gefunden? Dann entscheide dich nochmals ausdrücklich für diese eine Sendung, am besten sogar schriftlich (rein trainingshalber) auf einem solchen Zettel:

Mein ausgewähltes Fernsehprogramm

_____
(Titel, Sender)

Beginn: _____ Uhr

Ende: _____ Uhr

Ich garantiere mir, daß ich den Fernseher nach dem Abspann dieser Sendung ausschalte.

_____
Unterschrift

Ich nenne diese Knubbelei »Einfach abschalten«. Ich weiß aber selber allzu gut, daß es eigentlich heißen müßte: »Schwierig abzuschalten«.

Und wie fühlst du dich, nachdem du das geschafft hast?

Hast du nicht tatsächlich 'ne Menge mehr von dieser Sendung, nach der du »einfach« abgeschaltet hast?

Ist es nicht ein tolles Gefühl, selber zu bestimmen, was und wie lange du dir etwas anschaust?

Wenn du diese Fernsehaufgabe garantiert erfüllt hast, ist dir der zwölfte Faden sicher!

In der Abschalt-Knubbelei von heute kannst du dir noch einen Zusatzfaden erobern, und zwar mit der

Knubbelei Nr. 13: Phantastisch entspannen

Auf Seite 58 gibt es eine kurze Phantasiereise für Erwachsene. Das ist keine spannende Geschichte. Eher im Gegenteil: Sie ist ent-spannend.

Würdest du diese heute abend deiner Mutter oder deinem Vater schön langsam vorlesen?

(Natürlich kannst du den Zusatzfaden auch dann einzeichnen, wenn du dir die Geschichte vorlesen läßt und einfach nur ganz ruhig zuhörst.)

Meinungen zum Thema Konzentration

Hier folgt eine Übung, die Eltern und Kind gemeinsam bearbeiten sollten.
Dazu nehmen Sie und Ihr Kind jeweils ein eigenes Blatt, auf dem die einzelnen Punkte notiert werden. Als erstes sollen dann beide unabhängig voneinander die Uhrzeiten zur ersten Aussage eintragen:

1. Meine Konzentrationsfähigkeit hängt von der Tageszeit ab. Am besten kann ich mich gegen … Uhr, am wenigsten gegen … Uhr konzentrieren.

Nun kreuzen beide (wieder unabhängig voneinander) die Aussagen an, die als (meist) zutreffend empfunden werden.

	trifft (meist) zu	trifft (meist) nicht zu
2. Konzentration ist reine Willenssache.		
3. Man kann sich nur für wenige Minuten voll konzentrieren.		
4. Wenn ich ein spannendes Buch lese, merke ich gar nicht mehr, was um mich herum passiert.		
5. Ich kann mich bei manueller, praktischer Arbeit besser konzentrieren als bei geistiger.		
6. Bei Routinearbeit kann ich mich gedanklich mit anderen Dingen beschäftigen.		
7. Erwachsene können sich besser konzentrieren als Kinder.		
8. Jungen haben häufiger Konzentrationsschwierigkeiten als Mädchen.		
9. Konzentrationsfähigkeit ist typbedingt, eine besondere Begabung, die man hat oder eben nicht hat.		
10. Wenn ich eine Arbeit zu einem bestimmten Termin fertig haben muß, arbeite ich konzentrierter.		

	trifft (meist) zu	trifft (meist) nicht zu
11. Am besten kann ich mich konzentrieren, – wenn es ganz ruhig ist, – wenn das Radio läuft, – wenn ich allein bin, – wenn ich mit anderen zusammenarbeite, – wenn ich mich beobachtet fühle.		
12. Meine Konzentrationsfähigkeit hängt stark von meinen Stimmungen ab.		
13. Im Vergleich zur Arbeit oder zum Lernen ist Spielen nebensächlich und erfordert keine Konzentration, schließlich dient es der Entspannung.		
14. Man kann sich nicht nur auf bestimmte Arbeiten konzentrieren, sondern auch auf Personen.		

Über die (wahrscheinlich unterschiedlichen) Einstellungen zu den einzelnen Punkten kommt anschließend hoffentlich ein gutes Gespräch zustande. Vielleicht können die Erläuterungen zu den Aussagen positiv dazu beitragen:

Zu 1:
Morgenmuffel brauchen eine längere Anlaufzeit und sind in den frühen Morgenstunden noch nicht zu geistigen Höchstleistungen fähig. Auch nach dem Mittagessen haben die meisten ein geistiges Tief. Bei manchen geht abends schon nach 20.00 Uhr nichts mehr, weil die Müdigkeit zu groß ist. Hier hilft nur ehrliche Selbstbeobachtung, und zwar mit dem Schwerpunkt darauf, wann ich *am besten* arbeiten kann, sonst ließe sich sicher für jede Tages- und Nachtzeit ein Argument finden, warum ich mich gerade jetzt bestimmt nicht konzentrieren kann.

Zu 2:
Wollen und können hängt durchaus zusammen. Wenn ich selbst den Willen habe, diese Aufgaben gut zu machen, ist die Konzentration höher, als wenn sie mir von jemand anderem verordnet werden. (Hausaufgaben werden aber vom Lehrer verordnet und hindern einen, zu tun, was man will!) Außerdem hängt es auch von der *Motivation* ab. Diese Motivation kann von der Aufgabe selbst ausgehen (ein Rätsel zu lösen, ist spannender als 20 Minusaufgaben) oder aber von mir selbst, wenn es mir zum Beispiel Spaß macht, ein Gedicht abzuschreiben und diese Seite schön zu gestalten. Oder wenn die Aufgabe, den Text über die Ritter im Mittelalter zu lesen, mich brennend interessiert.

Zu 3:
Wenn das wirklich stimmt, hätte kaum einer die Chance, eine längere Operation zu überleben, oder jedes Autorennen müßte zwangsläufig nach zehn Minuten im totalen Chaos enden, kein Dirigent oder Solist würde eine Symphonie durchstehen … Schon kleine Kinder können sich – vorausgesetzt, man läßt sie in Ruhe – sehr lange in ein Spiel vertiefen. So konnte neulich beobachtet werden, wie ein einjähriger Junge etwa eine Stunde voll konzentriert übte, Legosteine mit beiden Händen zusammenzustecken und wieder auseinanderzureißen. Es war gerade seine neueste Entdeckung, und er wurde nicht müde, diese Tätigkeit zu wiederholen.

Zu 4:

Wenn das passiert, hat man sich wirklich mit all seinen Sinnen auf das Buch konzentriert.

Zu 5:

Das geht den meisten Menschen so. Bei praktischen Tätigkeiten, zum Beispiel Gartenarbeit, bin ich geistig und körperlich in Aktion. Wenn ich nur sitze und lese, schreibe oder rechne, bin ich nur einseitig geistig beansprucht. Inzwischen staut sich ein körperlicher Bewegungsdrang auf, der sich sein Ventil sucht. Also rutsche ich auf dem Stuhl hin und her, der Bleistift fällt zu Boden, ich hample mit den Beinen … Deshalb sind Pausen so notwendig – allerdings zeitlich begrenzt!

Zu 6:

Stimmt. Beim Geschirrspülen, Kartoffelschälen, Bügeln oder Zähneputzen denken wir meist an ganz andere Dinge. Handlungsabläufe, die sich automatisiert haben, erfordern nicht mehr unsere ganze Konzentration.

Zu 7:

Hoffentlich! Auch kleine Kinder können sich bei selbstgewählten Aufgaben beziehungsweise Spielen lange Zeit konzentrieren (siehe Punkt 4). Mit zunehmendem Alter muß man lernen – unabhängig von der eigenen Motivation –, störende Faktoren bewußt auszuschalten (vor allem optische und akustische Reize), um sich ganz der gestellten Aufgabe zu widmen. Von Erwachsenen wird diese Fähigkeit eher erwartet als von Kindern. Allerdings decken sich die beruflichen Möglichkeiten meistens mit den persönlichen Interessen, während die Schüler über ihr Interessengebiet hinaus sich ein breites Allgemeinwissen aneignen sollen.

Zu 8:

Viele Beobachtungen bestätigen diese Aussage. Was davon geschlechtsspezifisch anlagebedingt oder anerzogen und durch die unterschiedliche Erwartungshaltung verstärkt wird, läßt sich nicht eindeutig trennen. Einem Jungen wird immer noch ein höheres Maß an Lebhaftigkeit und Bewegungsdrang zugestanden, und die Mädchen werden zu größerer Anpassungsfähigkeit erzogen. Vielleicht hilft es, aus diesen Rollenklischees herauszukommen, wenn die Eltern sich immer wieder fragen: »Hätte ich genauso reagiert, wenn er ein Mädchen, sie ein Junge wäre?«

Zu 9:

Selbstverständlich fällt es einem ruhigen Kind leichter, stundenlang still zu sitzen, als einem lebhaften. Das ruhige Kind entzieht sich den Leistungsanforderungen häufiger durch Träumereien, flüchtet vor der Wirklichkeit in sein Traumreich. Lebhafte Kinder neigen eher zum Zappeln. Doch manchmal verbirgt sich hinter einem Zappelphilipp eine ernstzunehmende Störung. Ob ein Kind einfach lebhaft oder schon hyperaktiv ist, läßt sich nur durch gezielte Beobachtungen abgrenzen. Natürlich spielt dabei die Toleranzgrenze der Umgebung eine erhebliche Rolle. Doch dieses Verhalten kann organische Ursachen haben. Im Einzelfall sollte man dieses Problem in einer geeigneten Kinderklinik abklären lassen. Es kann gerade diese Kinder in einen Teufelskreis von Dauerfrust und Verhaltensauffälligkeiten treiben, wenn man von ihnen Konzentrationsleistungen fordert, die sie so gar nicht erfüllen können.
(Näheres hierzu in Jirina Prekop u. Christel Schweizer: *Unruhige Kinder. Ein Ratgeber für beunruhigte Eltern*, Kösel-Verlag, München, 2. Aufl. 1993)

Zu 10:

Das ist ganz natürlich, denn je näher der Termin rückt, um so höher ist die Priorität dieser Arbeit. Habe ich dagegen endlos Zeit, so fallen mir bestimmt viele Dinge ein, die wichtiger oder interessanter sind.
Es soll aber auch Leute geben, die alles sofort erledigen und nichts auf die lange Bank schieben!

Zu 11:
Jedem das seine!

Zu 12:

»… liefere dich nicht aus deinen Launen,
laß dir von dir selbst nicht alles bieten …«
(Aus: Elisabeth Lukas u. Michael Eberle: *Sinn-Zeilen*, Herder Verlag, Freiburg, 2. Aufl. 1987)
Es muß sich jeder selbst prüfen, ob die Sache mit den Stimmungen ein echtes Argument oder eine Ausrede ist. Manchmal wirkt die Konzentration auf eine Arbeit wie eine Therapie gegen bestimmte Stimmungen.

Zu 13:

Spielen kann der Entspannung dienen und trotzdem konzentriert betrieben werden, zum Beispiel Kartenspiele, Geschicklichkeitsspiele, Bewegungsspiele. Außerdem hat Spielen vor allem bei Kleinkindern die Funktion des Lernens, Ausprobierens und läßt sie grundlegende Erfahrungen machen. Der Stellenwert kann nicht hoch genug angesetzt werden. Einem Kind, das ständig beim Spielen unterbrochen wird, dem immer wieder dazwischengeredet wird, wird schon früh seine Konzentrationsfähigkeit abgewöhnt!

Zu 14:

Sich konzentrieren heißt ja, sich ganz auf etwas einzulassen, seine gesammelte Aufmerksamkeit etwas zuzuwenden. Das kann natürlich auch eine Person sein. Frage an die Eltern: Wann haben Sie zum letztenmal einem Ihrer Kinder ganze Aufmerksamkeit geschenkt? Wann braucht das Ihr Kind, wann ist es ihm eher lästig?

Knubbelei Nr. 14:
Meine Meinung zum Thema Konzentration

Wenn du bereit warst, deine Meinung zum Thema Konzentration mit deiner Mutter oder deinem Vater zu besprechen, hast du den 14. Faden im Erfolgsnetz »redlich« verdient.

Konzentrationsblockaden

Wenn Sie die folgende Tabelle durcharbeiten, stellen Sie fest, mit welchen Konzentrationsblockaden Sie am häufigsten zu kämpfen haben. Wenn Sie nicht ins Buch schreiben möchten, zeichnen Sie die drei Spalten auf ein eigenes Blatt und markieren darauf Ihre Aussagen.

	trifft zu	trifft gelegent-lich zu	trifft nicht zu
Blockade 1 *Ablenkung und Unterbrechung* Natürlich ist es schwer, sich zu konzentrieren, wenn man ständig von Geräuschen, Menschen, optisch wahrnehmbaren Bewegungen und Telefonklingeln gestört wird. All diese Dinge wetteifern um Ihre Aufmerksamkeit und teilen sie.			
Blockade 2 *Mangel an Übung und/oder Erfahrung* Konzentration ist eine Fertigkeit. Sie können nicht erwarten, gut darin zu sein, wenn Sie niemals gelernt haben, sich zu konzentrieren, oder wenn Sie nicht die Möglichkeit hatten, täglich zu trainieren.			
Blockade 3 *Gewohnheitsmäßige Unaufmerksamkeit/Zerstreutheit* Manche Menschen sind mit ihren Gedanken einfach immer anderswo. Sie können gar nicht anders, als mehrere Dinge gleichzeitig zu überlegen oder zu erledigen. Aller Wahrscheinlichkeit nach haben sie dieses Verhaltensmuster von Eltern oder Freunden übernommen und sehen keinen Grund, es in Frage zu stellen. Da alle Menschen »Gewohnheitstiere« sind, neigen wir dazu, solche einprogrammierte Verhaltensmuster beizubehalten.			
Blockade 4 *Geringe Frustrationstoleranz* In unserer heutigen Gesellschaft haben wir vor allem das Ziel, das Leben so einfach wie möglich zu gestalten. Es können aber auch Probleme entstehen, weil diese Einstellung verhindert, daß wir die geistige Disziplin entwickeln, die wir brauchen, um uns auf komplexe Zusammenhänge konzentrieren zu können.			

	trifft zu	trifft gelegentlich zu	trifft nicht zu
Blockade 5 *Mangel an Interesse oder Motivation* Einfach ausgedrückt gibt es keine Konzentration, wenn das Interesse fehlt. Das bedeutet, daß Sie bei einer Aufgabe, die Sie von Natur aus nicht besonders interessiert, versuchen müssen, mit Absicht Interesse daran zu gewinnen. Damit können Sie sich selbst motivieren – andernfalls werden Sie der Sache auch weiterhin nichts abgewinnen können.			
Blockade 6 *Aufschieben* Verzögerung definiert sich als automatisches Hinauszögern einer unangenehmen Aufgabe, ohne daß es dafür einen guten Grund gibt. Manche Menschen schieben unwillkommene Angelegenheiten gewohnheitsmäßig auf, ohne an die Konsequenzen einer solchen Verzögerung zu denken. Die Verzögerung ist eine Variation geringer Frustrationstoleranz; wenn es unserem Hirn nicht gefällt, was wir ihm auftragen, sagt es uns einfach: Schon gut, das erledige ich später.			
Blockade 7 *Handlungszweck oder Plan unklar* Haben Sie am Abend schon einmal festgestellt, daß Sie den ganzen Tag über beschäftigt waren und auch viele Dinge erledigen konnten, daß aber kaum etwas Wichtiges darunter war? Eine alte Erkenntnis lautet: »Alle Fehler, die ich gemacht habe, alle Irrtümer, die mir unterlaufen sind, alle Dummheiten, deren Zeuge ich geworden bin, waren das Ergebnis von gedankenlosem Handeln!« Konzentration ist das genaue Gegenteil: wohlüberlegtes (und zielgerichtetes) Handeln.			
Blockade 8 *Zerstreutheit/Überlastung* Bei vielen Menschen liegt die Ursache für ihre mangelnde Konzentration nicht darin, daß sie sich kein Projekt vorgenommen haben, sondern darin, daß es zu viele Projekte sind! Wenn Sie sich zu viele Ämter, Verpflichtungen und Fristen aufgeladen haben, die alle um Ihre Aufmerksamkeit buhlen, ringt Ihr Gehirn bildlich gesprochen die Hände in die Höhe und schreit: »Ich kann nicht mehr!«			

	trifft zu	trifft gelegent-lich zu	trifft nicht zu
Blockade 9 *Müdigkeit, Streß, schlechte Gesundheit* Konzentration bedeutet zielgerichtete geistige Energie. Wenn Sie müde, in schlechter körperlicher Verfassung oder krank sind, haben Sie einfach nicht genug Energie, um sich zu konzentrieren und aufmerksam zu bleiben.			
Blockade 10 *Ungelöste emotionale Probleme* Wenn es Ihnen schwerfällt, sich zu konzentrieren und die Konzentration aufrechtzuerhalten, liegt das vielleicht nicht daran, daß Sie es nicht können, sondern vielmehr daran, daß ein bestimmtes wichtiges Problem Ihre gesamte Aufmerksamkeit in Anspruch nimmt, so daß für andere Dinge kein Platz mehr bleibt.			
Blockade 11 *Negative Einstellung* Diese Blockade ist die mächtigste von allen. Sogar wenn alle äußeren Gegebenheiten »stimmen« – wenn Sie überzeugt sind, sich nicht konzentrieren zu können, werden Sie es auch nicht schaffen! Wenn Sie sich sagen: »In diesem Büro kann ich mich nicht konzentrieren!«, dann werden Sie es auch nicht können.			

(Quelle: Sam Horn: *Konzentration. Mit gesteigertem Aufnahme- und Erinnerungsvermögen zum Erfolg*, Ueberreuter Verlag, Wien 1993)

Knubbelei Nr. 15: Aushalten

Heute geht es wieder einmal ums Fernsehen. Aber keine Bange, ich möchte es dir nicht vermiesen. Im Gegenteil. Ich möchte dich einladen, eine Sendung anzuschauen, obwohl du gar keine Lust dazu hast …

Diese Übung wird dir auch ziemlich komisch vorkommen. Es wäre aber toll, wenn du trotzdem bereit wärst, dieses Experiment mitzumachen.

Kurz, worum es geht: Du kennst doch sicher Fernsehsendungen, die so langweilig sind, daß es kaum zum Aushalten ist. Und genau so eine solltest du bitte in der Programmzeitschrift suchen. Damit du die Knubbelei aber aushältst, sollte diese Sendung allerhöchstens eine halbe Stunde dauern.

Noch einmal im Klartext: Suche dir bitte eine kurze Sendung (zum Beispiel Geschichte, klassische Musik, Kultur, Politik) aus, für die du dich überhaupt nicht interessierst.

Trage auf einem Notizblatt ungefähr Folgendes ein:

Mein Aushalte-Programm

Die Sendung_____

am _____ von _____ bis _____Uhr

interessiert mich überhaupt nicht. Ich werde sie aber trotzdem anschauen und garantiere mir, daß ich die ganze Zeit aushalten werde – und wenn es noch so langweilig wird.

_____

Unterschrift

Laß dich mal überraschen, was passiert, wenn du es tatsächlich geschafft hast.

Gab es mittendrin vielleicht doch irgendwas Interessantes, mit dem du nicht gerechnet hattest?

Was hat diese Fernsehübung deiner Meinung nach mit Konzentration zu tun?

Hast du noch eine ganz andere Idee, wie du »Kondition und Ausdauer« trainieren könntest?

Allein dadurch schon, daß du dich mit solchen Fragen beschäftigst, wird dein Erfolgsnetz immer dichter. Immerhin ist jetzt schon der 15. Faden fällig.

Konzentriertes Rechtschreibtraining

Konzentrationsblockaden sind vielfältig, bei manchem Kind liegen sie auch in einer Lese-Rechtschreibschwäche. Ist diese bei Ihrem Kind besonders stark ausgeprägt, sollten Sie mit Rechtschreibübungen sehr behutsam und eher sparsam umgehen. Denn jede Begegnung mit dem Mißerfolg, dem Erkennen des eigenen Unvermögens bedeutet für das Kind, den Finger in dieser »Wunde« zu spüren.

Wem aber immer wieder seine Fehler und Schwächen vor Augen gehalten werden, der bleibt eher in der Schwäche hängen, versucht Fehler zu verbergen oder vor der Aufgabe ganz zu kneifen.

Ein plumpes Bild mag dies verdeutlichen: Ein Kind ist gefallen und hat sich ziemlich stark das Knie verletzt. Nach Tagen tut es noch sehr weh. Wer Schmerzen hat, empfindet es als angenehm, wenn er gestreichelt wird. Kein Mensch käme jedoch auf die Idee, deshalb die wunde Stelle zu streicheln. Wer verletzt ist, braucht aber sehr wohl Streicheleinheiten. Allerdings nicht am verletzten Knie, sondern statt dessen zum Beispiel an der kerngesunden Hand.

So gilt es, beim Rechtschreibtraining nach der »kerngesunden« Hand zu suchen … (Nicht jede Übung ist dabei aber sinnvoll, auch wenn sie in einem Schulbuch steht!)

Hornhaut
von Kopf bis Fuß
Hornhaut

Nur zwischen den Schulterblättern nicht.

Jeden Tag sticken sie dir feine Kreuzchen
auf die Hemdenrücken –

jeder soll sehen, daß sie dich lieben.

Aus: Harald Grill: *Wenn Du fort bist. Gedichte,* Edition Toni Pongratz, Hauzenberg 1991

Rund ums Diktat

Daniel kommt von der Schule nach Hause. Schon an der Art, wie er langsam seine Jacke an den Nagel hängt und den Ranzen in die Ecke stellt, merkt seine Mutter, daß irgend etwas vorgefallen sein muß. Wahrscheinlich hat er das Diktat zurückbekommen.

Nach einer Weile zeigt er sein Heft:

Die Schatzsuche

Julia und Rolf haben einen Schatz vergraben, den ihre beiden Freunde nach der Schatzkarte suchen *müßen*. *Gespant* machen diese sich auf den Weg. Sie überqueren den Abenteuerspielplatz und kommen am Ententeich vorbei. Was bedeutet wohl dieses eigenartige Zeichen auf dem Plan? Sie *retzeln* lange. Eine Schutzhütte? Ein Jägerhochsitz? Nein! Es ist eine Burgruine. Sie wählen die Abkürzung auf dem schmalen, *klitschigen* Waldweg. Da entdecken sie den Stein, der *ausieht* wie eine Ruine. Aufgeregt graben sie und treffen endlich auf eine *angerostetete Blechbückse*. Peter öffnet sie vorsichtig. Ungläubig starren sie auf den *zusammengerolten* Zettel, auf dem ganz klein geschrieben steht: Wir gratulieren. Ihr *seit* in unsere Bande aufgenommen.

Welche Fehler hätten sich vermeiden lassen?

müßen:
Daniel dachte wahrscheinlich, ich »muß« wird mit »ß« geschrieben, also schreibe ich auch »müßen«. Hilfe: Das Wort durchgliedern, es silbenweise vorsprechen: »mü-ßen« oder »müs-sen«.

gespant:
Die Grundform suchen und silbenweise durchgliedern.

retzeln:
Gleich zwei Fehler in einem Wort. Dieses Wort zählt zweifellos zu den schwierigen. Das »ä« bei rätseln läßt sich vom »a« beim Raten herleiten, doch ob Kinder während eines Diktates diese Denkleistung vollziehen, ist fraglich.

Der zweite Fehler, »z« statt »s«, ist durch keine Regel oder Herleitung zu verbessern, denn es gibt sicher mehr »tz«-Wörter als solche mit »ts«. Mit »Denk mal nach!« ist nicht weitergeholfen. Hier könnte man allenfalls beide Möglichkeiten untereinanderschreiben und die optisch bessere Lösung wählen. Vielleicht wäre es eine Hilfe für zukünftige Fälle, wenn Daniel dieses Wort in eine individuelle Fehlerkartei aufnimmt, zusammen mit anderen abgeleiteten Formen: das Rätsel, rätseln, raten.

klitschig:
Wörter mit Konsonantenhäufungen sind besonders schwierig, denn man hört beim besten Willen keinen Unterschied zwischen harten und weichen Lauten: »glitschig« und »Klasse« hört sich beides wie »k« an. Vom Akustischen her kommt man also nicht weiter. Da sich der erste Buchstabe bei Konsonantenhäufungen immer hart anhört, sind nicht die »kl«-Wörter, sondern die mit »gl« die problematischen. Auf Daniels Fehlerkartei sieht das so aus:

glitschig, glänzen, Glas, glatt
Glück, glücklich, gleiten
Gleis, Globus, Glatze, Glocke

Vielleicht baut er sich auch einen Unsinn-Merksatz zusammen wie zum Beispiel: »Das glitschige, glatte Glas gleitet mir glücklich aus der Hand.«

ausieht:

Schade! Die ieh-Klippe wurde geschafft, doch dadurch, daß durch die Vorsilbe und den Wortstamm zwei »s« aufeinanderstoßen, wurde eines vergessen. Daniel eilte (bem Schreiben) mit seinen Gedanken dem Schreibtempo der Hand voraus und konzentrierte sich ganz auf das »ieh«-Problem.

Hilfe: Ganz leise mitflüstern beim Schreiben, auf jeden Fall die Mundbewegungen (stumm) mitmachen. Beim Üben zu Hause laut mitsprechen, und zwar in Silben durchgegliedert, nicht einfach lautieren!

angerostetete:

Bei Silbenwiederholungen ist das innere Mitsprechen unerläßlich, möglichst zur Kontrolle am ganzen Sinnabschnitt (analog: ein anderer Junge, das veraltete Auto …).

Blechbückse:

Die verschiedenen X-Laute (x, chs, ks, gs, cks) sind akustisch nicht voneinander zu unterscheiden. Hier hilft wieder die Fehlerkartei weiter.

zusammengerolt:

Der gleiche Fehlertyp wie bei »gespannt«. Das bedeutet: Die Grundform finden und das Wort silbenweise durchgliedern. Durch das richtige rhythmische Sprechen können alle Doppelkonsonanten hörbar gemacht werden.

seit oder *seid?*

Dafür gibt es eine einfache Gedächtnishilfe: »Seit« wie »Zeit«, das heißt, »seit« bestimmt eine Zeitangabe, zum Beispiel seit einem Jahr, seit gestern. »Seid« meist nur in Verbindung mit »ihr seid«.

Knubbelei Nr. 16: Konzentriertes Lesen

Bevor du dir die nächste Knubbelei vorknüpfst, gebe ich dir noch einen kleinen Lesetip: Es gelten nur die Buchstaben mit diesem Zeichen: ◑

Alle anderen Buchstaben läßt du bei der Suche des Lösungssatzes einfach aus.

OBWOHL DU IN DIESEM TEXT ALLES

LESEN KANNST, GELTEN DOCH NUR

DIE BUCHSTABEN MIT DEN BESTIMM-

TEN ZEICHEN. ES IST GAR NICHT SO

EINFACH, DEN ÜBERBLICK ZU BEHAL-

TEN. KONZENTRIERE DICH IMMER

NUR AUF DIESE ZEICHEN. WENN

DIR AUF EINER LÄNGEREN STRECKE

KEIN EINZIGER BRAUCHBARER BUCH-

STABE BEGEGNET, WIRST DU DEN

FADEN TROTZDEM NICHT VERLIE-

REN UND DIE RICHTIGE LÖSUNG

AUF JEDEN FALL FINDEN.

Nach der Auflösung, die du auf Seite 126 überprüfen kannst, weißt du ja, was es jetzt zu tun gibt …

Daheim ist alles anders

Warum macht Daniel zu Hause weniger Fehler im Diktat als in der Schule?

1. Zu Hause wird der Ernstfall nur geprobt, die Aufregung ist daher geringer.
2. Mutters oder Vaters Diktierweise paßt sich Daniels Schreibtempo an. Sie oder er diktiert den Satzabschnitt, wartet, bis Daniel geschrieben hat und geht dann weiter. In der Schule schreibt die Klasse in sehr unterschiedlichem Schreibtempo. Daniel wird zu dem Zeitpunkt, wo er zum Beispiel das Wort »vergraben« schreibt, schon die Wörter des folgenden Sinnabschnitts hören. Das stört ihn in seiner Konzentration, denn Hören beziehungsweise inneres Mitsprechen = Denken, Schreiben, optische Kontrolle, sollten synchron , also gleichzeitig ablaufen.
3. Daniel kann (und sollte) zu Hause laut beim Schreiben mitsprechen. Das ist notwendig, damit Gedanken und Schreibmotorik synchron verlaufen. Es ist unmöglich, gleichzeitig etwas anderes zu sprechen als zu denken. Erst wenn dieses Mitsprechen zur Gewohnheit wird, läßt es sich in ein inneres Mitsprechen (= lautlos) zurücknehmen. Wird zu früh nur mitgedacht und nicht mitgesprochen, so passiert es, daß die Gedanken schneller sind als die Schreibmotorik. Die Hand will das Denken einholen und läßt Buchstaben aus. Oder umgekehrt: In selteneren (schönes Wort! Bitte durchgliedern!) Fällen ist die Hand schneller als der Kopf, und damit die Gedanken wieder aufholen, verdoppelt die Schreibhand unsinnig Buchstaben.
4. Mutters indirekte Hilfen gibt die Lehrerin nicht. Die Mutter schaut Daniel beim Schreiben zu. Setzt er zu einem Fehler an, hält sie den Atem an. Oder ein fragender Blick Daniels wird mit einer hochgezogenen Augenbraue beantwortet. Ein Räuspern an der kritischen Stelle bis zu den Hinweisen »Sieh dir das Wort noch einmal genau an«, »Lies dir dieses Wort noch einmal durch« helfen ihm, die Schwierigkeiten zu erkennen und zu meistern.
Es erfordert eine ziemliche Selbstbeherrschung, keine indirekten Hilfen zu geben. Eigentlich ist es eher verwunderlich, wenn so überhaupt noch Fehler gemacht werden!

Wenn Daniel in der Schule sein Diktat geschrieben hat und es sich nochmals durchliest, findet er nur selten seine Fehler, ja, manchmal »verbessert« er in bester Absicht und vergrößert damit seine Fehlerzahl.

Was könnte er sinnvoller machen?

– Wenn er während des Schreibens bei einem Wort unsicher ist und nicht genügend Zeit zum Nachdenken hat, sollte er dieses Wort mit einem Bleistift markieren (zum Beispiel Sternchen darüber), so findet er beim Durchlesen die kritischen Stellen schnell wieder.
– Nun sollte er kurz die Augen schließen, damit er optisch nicht von einer falschen Schreibweise abgelenkt wird, sich das Wort langsam vorsprechen und sich nur aufs Hören konzentrieren. Anschließend soll er optisch das Wort silbenweise akustisch vergleichen. Das ist sinnvoller, als das ganze Wortbild auf einmal aufzunehmen.
– Überhaupt ist das innere Mitsprechen und das gleichzeitige optische Mitlesen des Textes der beste Schlüssel, seine Fehler zu entdecken.

Knubbelei Nr. 17:
Das »verrückte« Lesezeichen

Bis zu welchem Stern traust du dich vor?
Glaubst du, daß du dich jedesmal einen Schritt weiter wagen kannst?
Machst du mit?
Besorgst du dir bitte ein Blatt Papier, das du gleich als Lesezeichen benutzen sollst?
Dann kann's losgehen!

1. Schritt
Lies das folgende Gedicht von Artur Troppmann einmal ganz in Ruhe durch:

*　　*　　*

Der ist reich
und der ist arm –
das sollt' es gar nicht geben,
denn Kinder sind doch alle gleich
geboren, um zu leben.

Der ist dumm
und der gescheit –
das ist kein Argument,
denn jedes Kind
hat ganz bestimmt
für irgendwas Talent.

Der ist gut
und der ist schlecht –
da können wir nur lachen,
denn jedes Kind in diesem Land
wird Gutes
und wird Schlechtes machen.

Der ist bös
und der ist brav –
wie manche Leute meinen,
doch alle Kinder dieser Welt
sind brav und bös in einem.

2. Schritt
Du siehst über dem Gedicht drei Sternchen. Nimmst du nun dein Lesezeichen-Blatt und deckst den Text beim letzten Sternchen senkrecht ab? Kannst du das Gedicht trotzdem ohne Probleme nochmals lesen?
Gut!

3. Schritt
Versuchst du es jetzt ein drittes Mal, indem du das Lesezeichen bis zum zweiten Sternchen verrückst?
Toll!

4. Schritt
Wagst du dich jetzt noch weiter vor? Und du kannst noch alles lesen? Liest du es deiner Mutter oder deinem Vater laut vor – selbst wenn du dein Lesezeichen bis zum ersten Sternchen verrückst?
Super!

Dann folgt nur noch der

5. Schritt
Faden Nr. 17, bitte!

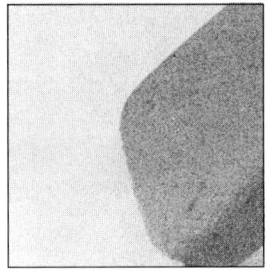

Buchstabensalat ist unbekömmlich

Viel mehr Kinder als man denkt haben Probleme, mit dem Auge der Lese-Schreibrichtung linear zu folgen. Bei einigen möchte das Auge immer die andere Richtung einnehmen oder es springt ständig vor und zurück. So lassen sich manche Vertauschungsfehler beim Lesen oder Schreiben erklären. Deshalb sollte man alles tun, um das Auge an die Schreib-Leserichtung zu gewöhnen, und alles vermeiden, was die richtige Reihung stören könnte. Das fängt schon bei der Sitzordnung an. Wenn Frau Meister Daniel etwas erklärt oder diktiert, sollte sie sich rechts von ihm setzen, so daß sein Blick automatisch in die richtige Richtung geht. Nicht hilfreich sind all jene Übungen, die die Lese-Schreibrichtung durcheinanderbringen.

Beispiel 1

```
M  r  d
l  a  e
m  e  a
```

Wer das Wort richtig ausspricht beziehungsweise mitdenkt, wird es eher zustande bringen, als jemand, der nicht weiß, ob es Marmelade oder Mamerlade heißt. Übrigens, wenn Kinder es besonders gut machen wollen, bauen sie oft an den unmöglichsten Stellen ein »r« oder ein Dehnungs-h ein. Übungen dieser Art finden sich in den meisten Rechtschreibheften. Doch wer das Wort richtig schreiben kann, braucht es nicht zu üben, und wer es nicht kann, dem hilft diese Art bestimmt nicht weiter.

```
r  f  t
a  r
u  b  c  h
```

Nun, wie heißt wohl dieses Wort? Bei der Kleinschreibung ist nicht einmal der Anfangsbuchstabe bekannt.
Übrigens: Übungen, die nicht helfen, hinterlassen beim Kind das Gefühl des Versagens. Und dieses Gefühl verhindert Selbstvertrauen. Das wiederum ist die Voraussetzung für erfolgreiches Lernen.

Beispiel 2

```
s
so
son
sonn
sonne
sonn
son
so
s
```

Auf- und Abbauen der Wörter

Rein optisch gibt das ein schönes Bild ab. Doch die Schwierigkeit bei diesem Wort sind die Doppelkonsonanten »nn« in der Wortmitte. Wenn man das Wort buchstabengetreu lautiert: S-o-n-n-e, könnte es genausogut s-o-n-e geschrieben werden. Diese Art hilft also nicht weiter.
Wenn man aber das Wort in Silbenschwüngen spricht, löst sich das Problem von allein: Son-ne.
So lassen sich auch lange Wörter problemlos aufbauen:

```
Scho
Scho-ko
Scho-ko-la
Scho-ko-la-den
Scho-ko-la-den-pud
Scho-ko-la-den-pud-ding
Scho-ko-la-den-pud-ding-schüs
Scho-ko-la-den-pud-ding-schüs-sel
```

Wie kann man Wörter und Texte sinnvoll üben?

1. Das ganze Wort
Als Grundregel gilt: Das *ganze* Wort und nicht nur Bruchstücke davon muß unter lautem Mitsprechen so lange geschrieben werden, bis es flüssig läuft – aber auch nicht mehr. Es ist sinnlos, jedes schwierige Wort stur zwanzigmal zu schreiben,

und zwar einfach deshalb, weil spätestens nach dem sechsten Mal das Gehirn abschaltet und das Schreiben rein mechanisch abläuft. Außerdem tritt ein Verfremdungseffekt ein, wenn man ein Wort zu lange ansieht. Die Buchstaben verselbständigen sich rein optisch, und letztendlich fragt man sich, ob das Wort tatsächlich so geschrieben wird.

Das also ist mit dieser Übung nicht gemeint. Es geht vielmehr darum, daß ein Wort ohne zu zögern, ohne daß man mittendrin nachdenken muß und damit aus dem richtigen Schreibrhythmus kommt, daß dieses Wort fehlerlos und flüssig etwa dreimal hintereinander geschrieben wird.

Steckt in den Wörtern eine besondere Schwierigkeit, zum Beispiel ein Dehnungs-h, ein »ß« oder eine schwierige Konsonantenhäufung, so ist es sinnvoller, diese Wörter wie Vokabeln einer Fremdsprache zu behandeln (beispielsweise mit dem Karteikartensystem), als auf Regeln zurückzugreifen, die wiederum zig Ausnahmen haben und die im Ernstfall kaum ein Schüler anwenden kann. So schreibt man zwar »fahren« mit einem Dehnungs-h, das lange »a« in »Nase« bekommt jedoch keins. Abgesehen davon fällt es sowieso den meisten schwer, lange und kurze Vokale überhaupt voneinander zu unterscheiden.

2. Wortfamilien bilden

Wenn jedes einzelne Wort mühsam in unserem Gehirn gelernt und gespeichert werden müßte, wären wir schlichtweg überfordert. Deshalb müssen wir unter den Wörtern Querverbindungen schaffen. Nehmen wir als Beispiel:

fahren (fuhr, gefahren), Fahrt
anfahren, abfahren, wegfahren, einfahren
Anfahrt, Abfahrt, Einfahrt, Auffahrt
Fahrzeug, Fahrrad(fahrer), Fahrschule, Fahrbahn, Fahrer
Gefahr/gefährden, gefährlich, gefahrlos, Gefährte
fahrbar, fahrlässig
die Fuhre, Müllabfuhr, der Führer, führen, Führerschein, Fähre
*Vor*fahrt hat, wer *vor*her *fahr*en darf
Erfahrung

Einige dieser Wörter sind ohne große Schwierigkeiten auf das Grundwort »fahren« zurückzuführen, bei anderen, wie zum Beispiel »gefährlich«, ist der Zusammenhang nicht ohne weiteres erkennbar.

3. Das gelernte Wort in anderen Sätzen anwenden

Werden Wörter nur in dem einmal vorgegebenen Text geübt, kann es zu Scheinerfolgen kommen. Der Diktattext wird praktisch auswendig gelernt und in der Schule auch gut bewältigt, denn der Schüler konnte sich darauf verlassen: Im ersten Satz kommt ein Dehnungs-h vor, das letzte Wort hat »ß« und in der Überschrift kommt ein »v« vor. Doch wehe, die gleichen Wörter erscheinen in einem neuen Zusammenhang! Das erklärt den großen Leistungsabfall zwischen vorbereiteten und unvorbereiteten Diktaten.

Schüler, die so punktuell lernen und falsche Merkhilfen benutzen, können oftmals eine Stunde später keine fünf Wörter mehr benennen, die im Diktat vorkamen, geschweige denn das Gelernte in einem anderen Kontext anwenden.

4. Unsichere Stellen markieren

Nach dem Diktat empfiehlt es sich beim anschließenden Durchlesen, die Wörter mit Bleistift zu unterstreichen, bei denen man im Zweifel ist, ob die Schreibweise stimmt. Bis zur Rückgabe des Diktates geraten sie in Vergessenheit, und anschließend werden nur noch die vom Lehrer rot angestrichenen Fehler beachtet. Es ist aber genauso wichtig, sich die (zufällig?) richtig geschriebenen Wörter bestätigen zu lassen.

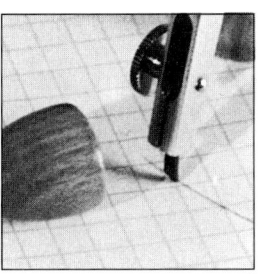

Knubbelei Nr. 18: Meine Lernrallye

Ich probiere gern verschiedene Wege aus – auch beim Lernen. So ging ich eines Tages mit ein paar Wörterzetteln durch die Wohnung, um sie für eine Lernrallye zu verstecken.

Ich gehöre nämlich zu den Lerntypen, die ein gutes Gedächtnis für bestimmte Orte haben. Das heißt, ich kann mich sehr gut erinnern, wo ein Wort steht oder wo ich etwas gelesen habe.

Gehörst du auch zu denen, die beim Memoryspielen mit Erwachsenen haushoch gewinnen? Dann ist meine Lernrallye bestimmt auch für dich eine tolle Lernidee.

Jedenfalls nutze ich diese Fähigkeit zum Beispiel regelmäßig für mein Rechtschreibtraining: Von Zeit zu Zeit schreibe ich bestimmte Wörter auf einzelne Zettel und verteile diese dann in meinem Zimmer.

Die Wörter »morgens« – »abends« – »heute mittag« hänge ich als kleingeschriebene Zeitangaben dorthin, wo ich mich bücken muß: unter das Waschbecken, unter das Bett, unter Tisch oder Stuhl. Wenn ich ein Wort an diesem bestimmten Platz festmache, merke ich mir die Schreibweise und den Ort.

Die großgeschriebenen Zeitangaben wie »jeden Dienstag« – »letzte Nacht« – »eines Morgens« klebe ich möglichst weit oben hin. Neben den Spiegel, auf den Schrank, an die Lampe und wo sonst noch Platz im Zimmer ist.

Allerdings ist es nicht sinnvoll, diese Methode zu oft einzusetzen. Die Lernzettel sollten auch nicht länger als drei bis vier Tage dort hängen.

Willst du es mal ausprobieren? Du hast keinerlei Probleme mit der Rechtschreibung? Wetten, daß du bestimmt ein paar Wörter findest, für die sich die Übung lohnt?

Welche der folgenden Wörter werden groß, und welche klein geschrieben?

GESTERN ABEND
MITTWOCHS
MITTAGS
eines MORGENS
letzten DIENSTAG
MORGENS
jeden SONNTAG
ABENDS
letzte NACHT
SONNTAGMITTAG

Kein Problem für dich? Wie wäre es dann mit einer Lernrallye für Vokabeln?

Probier diese Methode mal aus – und wenn du es nur für den Faden Nr. 18 tust …

Rechts oder links

Das Wort links ist in unserer Sprache negativ besetzt: Linkisch sein, zwei linke Hände haben, jemanden linken ...

Unsere Kultur ist auf rechtsdominante Menschen – die tatsächlich in der Mehrheit sind – ausgerichtet. Daß Linkshänder mit dem Gebrauch einiger alltäglicher Gegenstände ihre Probleme haben – vom Kartoffelschälmesser bis zum Autozündschlüssel, der mit der rechten Hand bedient werden muß –, diese Erfahrungen sind nichts Neues. Auch Lesen und Schreiben haben für linksdominante Kinder zusätzliche Klippen. Aus diesem Grund hat man früher versucht, Linkshänder umzuerziehen – mit zweifelhaftem Erfolg. Bei Rechtshändern ist normalerweise die linke Gehirnhälfte dominant, bei Linkshändern umgekehrt, und daran ändert auch die bestgemeinte Erziehungsmethode nichts. Eine Zeitlang nahm man an, es ließe sich durch Geschicklichkeitstraining beider Hände die Seitigkeit aufheben, und versuchte Schreibanfängern mit beiden Händen das Schreiben beizubringen – leider mit wenig Erfolg. In der Zwischenzeit darf zum Glück jedes Kind mit der von ihm bevorzugten Hand arbeiten. Allerdings muß man bei Linkshändern darauf achten, daß sie einen Stift oder Füller mit schnell trocknender Tinte benutzen, damit sie den Text nicht gleich verwischen, und daß sie das Blatt leicht schräg halten, damit sie das Geschriebene nicht verdecken. Außerdem muß man in der Klasse bei der Sitzordnung darauf achten, daß sich ein Links- und ein Rechtshänder nicht ständig mit dem Schreibarm gegenseitig behindern.

Doch fast noch wichtiger als die Händigkeit ist die Dominanz des Auges. Nun ist es keineswegs so, daß ein Linkshänder immer linksäugig ist, die Dominanz kann sich kreuzen. Ein kleiner Test dazu: Durch ein Schlüsselloch schauen, oder – viel schöner – in ein Kaleidoskop. Das macht jeder mit seinem dominanten Auge.

Warum ist das so wichtig? Die spontane Bewegungsrichtung geht von der Körpermitte nach außen – bei Rechtshändern nach rechts, bei Linkshändern nach links.

Dasselbe geschieht mit der Blickrichtung. Bei rechtsdominanter Äugigkeit geht die Blickrichtung von links nach rechts, und das entspricht unserer Lese-Schreibrichtung, bei linksdominanter Äugigkeit ist es umgekehrt. Und hier liegt der Schlüssel vieler Probleme: Ein Vorschulkind schreibt seinen Namen mit der rechten Hand in großen Druckbuchstaben, aber in Spiegelschrift:

CAROLIN

Ein Erstkläßler verwechselt beim Lesen b und d, p und g, oder die Buchstaben eines Wortes werden nicht in der richtigen Reihenfolge nacheinander gelesen.

Das läßt sich so erklären: Das Kind bemüht sich, sein Auge in die Lese-Schreibrichtung zu richten. Da dies aber gegen die eigentliche Bewegungsrichtung – gewissermaßen dem Auge gegen den Strich – läuft, wird das Auge bei der nächstbesten Gelegenheit versuchen, in die ihm natürlicherweise adäquate Richtung zu blicken. Die Blickrichtung der Lese-Schreibrichtung anzupassen, erfordert daher von diesem Kind eine höhere Anstrengung, eine größere Konzentration. Eine hohe Konzentration kann aber nicht lange durchgehalten werden, deshalb braucht es eine Möglichkeit, sein Auge zu überlisten.

Augen reagieren schneller auf Bewegungen als auf unbewegliche Dinge. Wenn man nun mit dem Finger seine Augen in die richtige Richtung führt, erleichtert das seine Aufgabe. In gravierenden Fällen muß beim Lesen der nachfolgende Text voll abgedeckt werden, damit das Auge nicht ständig vor- und zurückspringen kann.

Knubbelei Nr. 19: Spiegelverkehrt

Wie gut kommst du mit den folgenden Linien zurecht? Deine Aufgabe besteht darin, unter jede Linie eine zweite dazu zu setzen – allerdings in Spiegelung. Das heißt, wenn der Strich in der ersten Linie nach oben abknickt, mußt du deine Linie nach unten ziehen. Vor allem, wenn es in Schleifen um die Kurve geht, mußt du höllisch aufpassen.

Wenn du alle Linien zu Ende gezeichnet hast, kannst du mit einem Spiegel kontrollieren, ob du alles richtig gemacht hast.

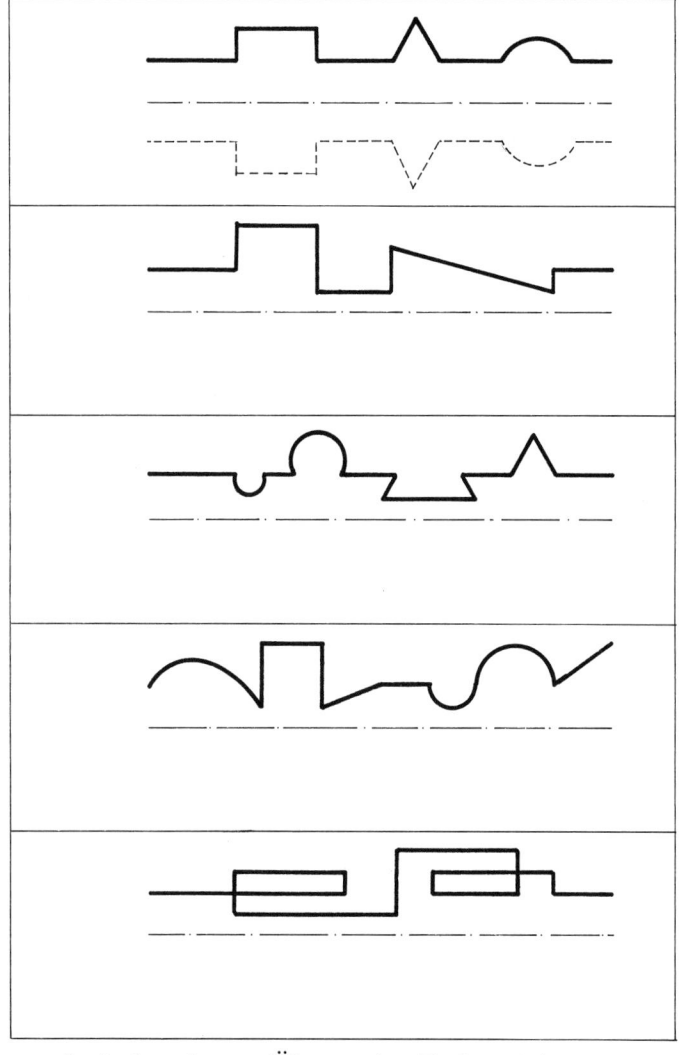

Jetzt hast du ja bestimmt Übung im Fädenziehen. Dann mach Schluß für heute mit dem Faden Nr. 19.

Knubbelei Nr. 20: Geheimzahlen

Hier habe ich die Ziffern durch Symbole ersetzt und mit diesen neuen Geheimzahlen Rechenaufgaben zusammengestellt.
Willst du diese vielleicht mit deiner Mutter oder deinem Vater um die Wette ausrechnen? (Vielleicht wirst du sogar viel eher fertig!?)

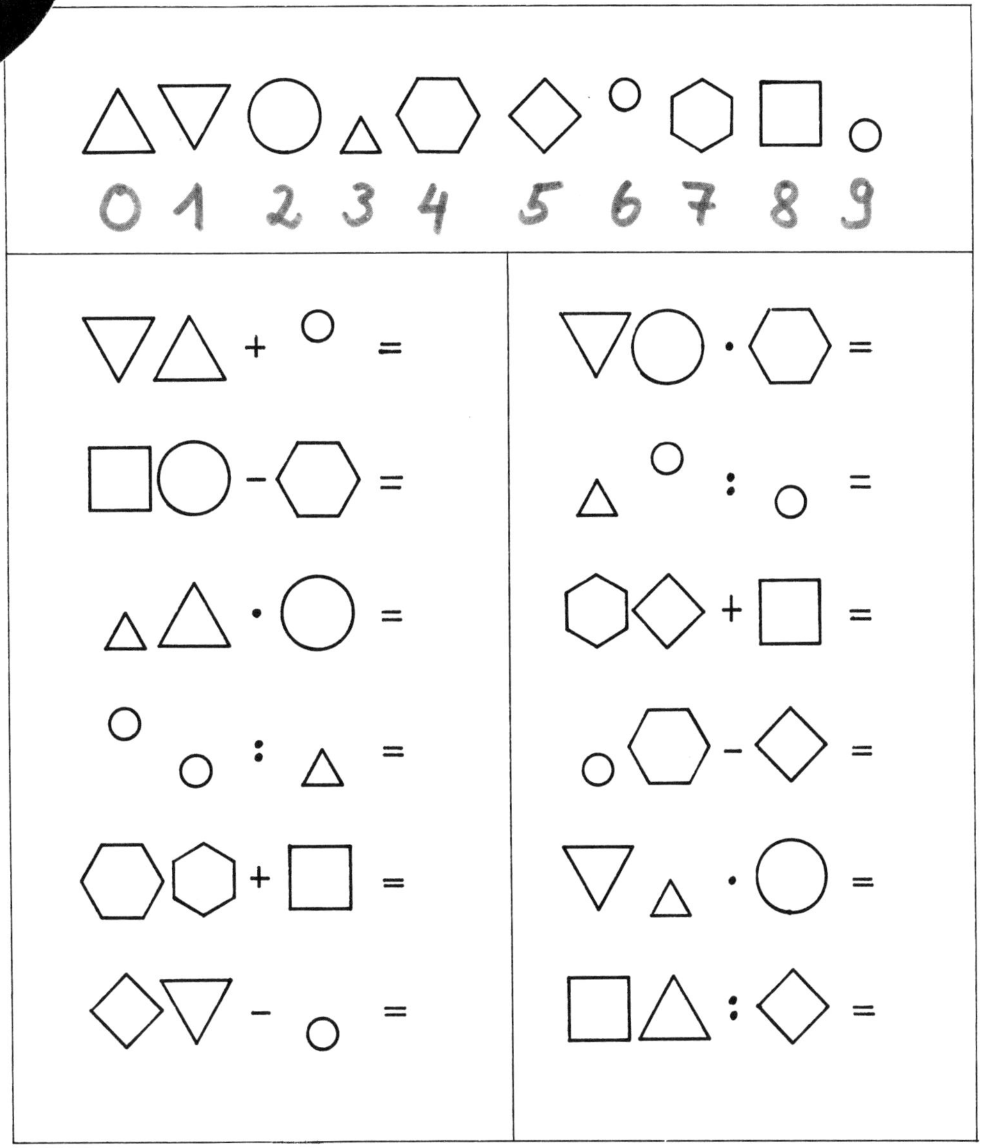

Symbol	△	▽	◯	◬	⬡	◇	°	⬡	▢	∘
Ziffer	0	1	2	3	4	5	6	7	8	9

▽△ + ° =

▢◯ − ⬡ =

◬△ · ◯ =

° ◯ : ◬ =

⬡◯ + ▢ =

◇▽ − ∘ =

▽◯ · ⬡ =

◬ ° : ∘ =

⬡◇ + ▢ =

∘⬡ − ◇ =

▽◬ · ◯ =

▢◬ : ◇ =

Auf Seite 126 kannst du nachschauen, ob ihr richtig gerechnet habt. Und vergiß zum Schluß dein Erfolgsnetz nicht!

Knubbelei Nr. 21: Das Figuren-Karussell

Und jetzt heißt es, genau zu beobachten: Welche der Figuren 2A, 3A, 1B usw. sind durch Drehung aus Figur 1A entstanden? Bevor dir jetzt ganz schwindlig wird und du den Bleistift in die Ecke wirfst, überprüfe deine Lösung auf Seite 126 und male noch kurz den 21. Erfolgsfaden.

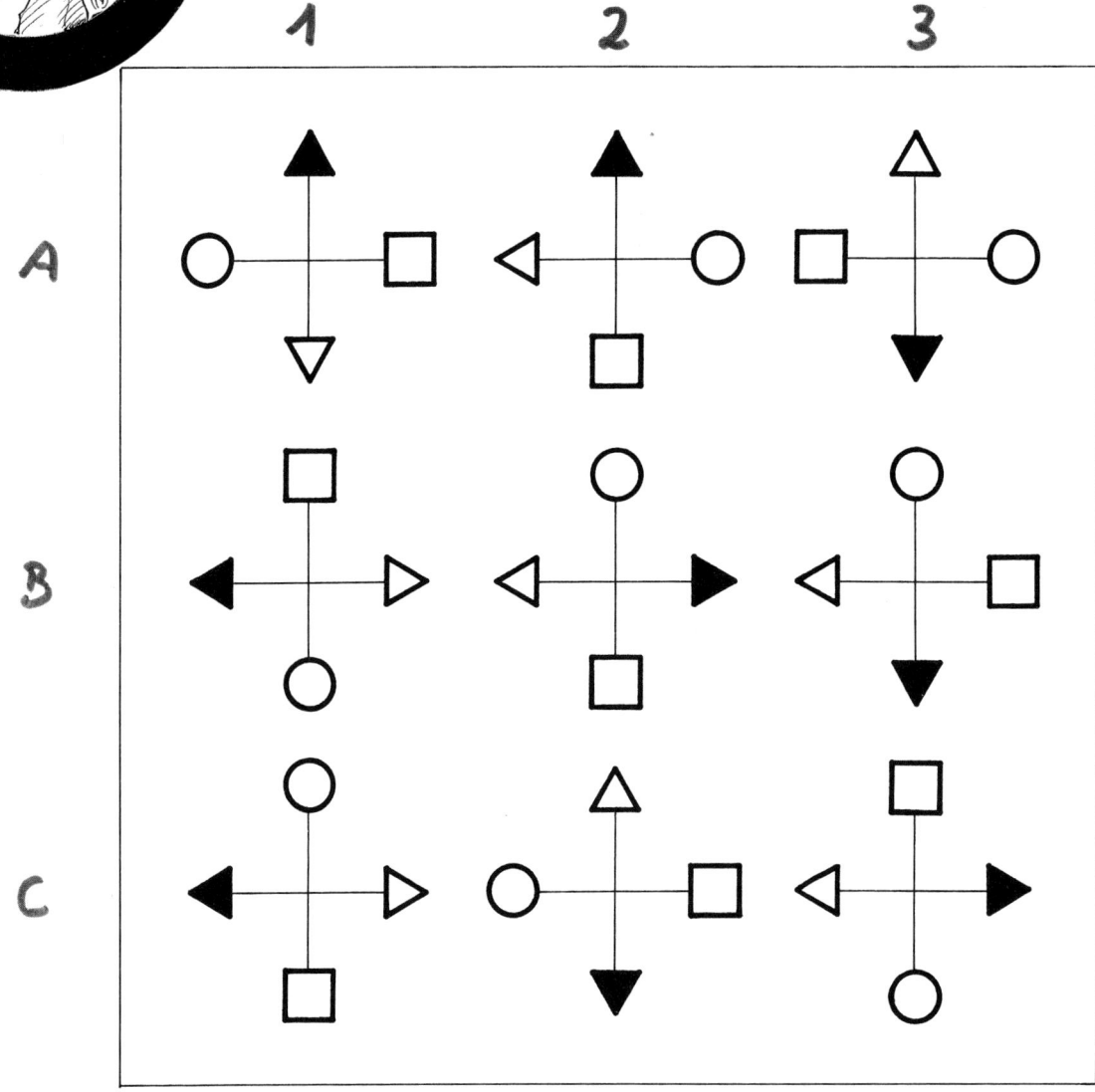

Übrigens, deine Eltern sind vielleicht schon sauer auf mich, daß ich sie so wenig mitmachen lasse. Deshalb gibt es demnächst ein paar Knubbeleien, an denen du sie beteiligen kannst.

Lernen sinnvoll machen

Sorgfältiges Beobachten und sensibles Wahrnehmen müssen vorgelebt werden. Dazu gehören Fragen der Wertschätzung: Wie gehe ich mit anderen Leuten um? Wie rede ich von ihnen oder über sie? Wie gut kann ich jemandem wirklich zuhören? Wie behandle ich Tiere oder Pflanzen? Wie sorgfältig und gewissenhaft benutze ich fremde, ausgeliehene Sachen oder öffentliche Einrichtungen? Dies sind Fragen, die viel mit Lernen zu tun haben. Hierin wurzeln grundlegende Techniken, die ein Lernmuster und die Qualität des Lernens prägen. In die Tiefe gehen kann nur, wer nicht gleichgültig ist. Wer oberflächlich wahrnimmt, lernt auch oberflächlich.

Wahrnehmen bedeutet mehr als nur Sehen und Hören. Und selbst diese Lernwege bieten durch übersteigerte Beanspruchung keine optimalen Lernwege mehr. Vor lauter Bildern sehen wir nichts mehr, vor lauter Lärm hören wir nichts mehr. Wenn Sinneswahrnehmungen aber mehr und mehr verarmen, wird Lernen sogar irgendwann sinn-los.

Daher ist es so wichtig, dem Kind Erfolgserlebnisse bei Sinneswahrnehmungen zu vermitteln, damit es sinn-voll lernt.

Die Wahrnehmungsfähigkeit zu schulen, ist somit auch eine wesentliche Voraussetzung, das Lernen zu lernen.

Dazu sollen die »Knubbeleien« beitragen, die Ihr Kind unter Anleitung des kleinen Picos macht. Wenn es sich jedoch nicht so recht damit anfreunden konnte oder die Lust inzwischen schon wieder verloren hat, können vielleicht ein paar kleine Übungen weiterhelfen, die Sie gemeinsam ausprobieren:

Lichtspiele
Wie sieht der Apfel unter der Lampe aus, wie neben einer Kerze? Und wenn ich ihn von verschiedenen Seiten mit einer Taschenlampe anleuchte?

Augenkontakt
Was entdecke ich, wenn ich jemandem, der ein Buch liest, in die Augen schaue? Welche Bewegungen machen die Augen?

Besondere Farbtöne
Welche Grüntöne kann ich zwischen Gräsern, Blättern oder Tannennadeln unterscheiden? Welche Braun- oder Grautöne sehe ich, wenn ich verschiedene Hölzer oder Steine miteinander vergleiche?

Phantasiebilder
Welche Formen von Felsvorsprüngen oder Wurzeln fallen mir besonders auf? Welche Namen könnte ich diesen Gebilden geben? Warum heißt die eine Bergkette »Schlafende Hexe« und die andere »Hahnenkamm«?

Still!
Was höre ich bei geschlossenen Augen, wenn vermeintlich alles ganz still ist? Wenn ich so eine Weile Geräusche wahrgenommen habe, welche und wie viele kann ich hinterher auswendig aufzählen?

Ganz leise!
Was höre ich noch vom Radio, Kassettenrecorder oder CD-Player, wenn ich ihn so leise wie nur möglich stelle und mich in die gegenüberliegende Ecke des Raumes setze?

Fingerspitzengefühl
Welche Gegenstände erkenne ich mit geschlossenen Augen, nur durch Abtasten?
Was empfinde ich, wenn ich in zwei Töpfe fasse und in jedem Topf ist Wasser mit einer anderen Temperatur? Was spüre ich, wenn ich die Übung wiederhole und dabei die Hände wechsle?

Windig
Spüre ich, woher der Wind weht, wenn jemand in meiner Nähe kräftig mit einem Karton fächert? (Natürlich mit geschlossenen Augen!)

Eine ganz andere Übung könnte die *Buchstabensuche um die Wette* sein. Hierzu benötigen Sie nur eine alte Zeitung oder Zeitschrift und einen Rotstift: Wer findet in drei Minuten die meisten R, t, T, a, B oder sonst einen festgelegten kleinen oder großen Buchstaben? Einfach mit dem Rotstift durchstreichen und »Auf die Plätze, fertig, los!« (Beim Zählen das Kontrollieren nicht vergessen, ob auch niemand geschummelt hat!)

Jedenfalls sind derartige Übungen geeignet, genaues Beobachten und gezieltes Wahrnehmen zu trainieren, Bedingungen, die helfen, Flüchtigkeitsfehler zu vermeiden.

Wenn Ihr Kind sich schwertut, mit den Hausaufgaben anzufangen, könnten solche kleinen Konzentrationshäppchen ihm »Appetit auf geistige Nahrung« machen.

Knubbelei Nr. 22: Der klare Blick

Hast du einen klaren Blick? Kannst du dir gut merken, was du dir ganz genau angeschaut hast?

Zwei Minuten hast du Zeit, dir diese Figur anzusehen. Anschließend sollst du sie aus dem Gedächtnis nachzeichnen. Dabei geht es nicht um exakt gezeichnete Quadrate, sondern es ist nur wichtig, die genaue Anordnung der Figur wiederzugeben:

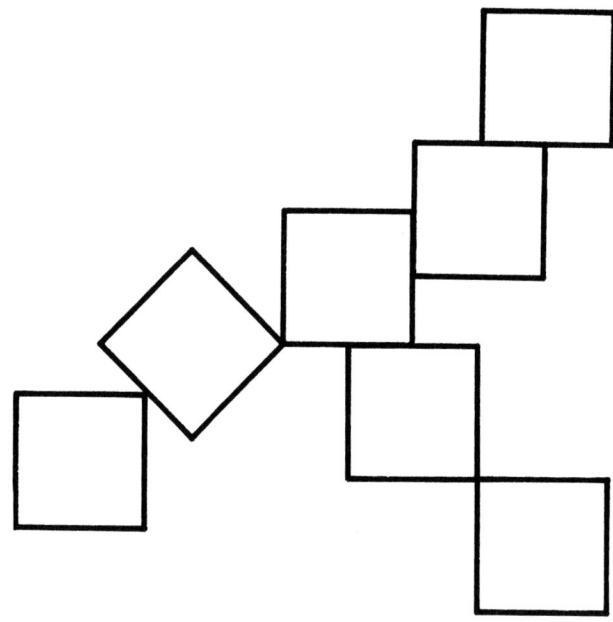

Einwandfrei? Dann ziehe den 22. Faden in dein Netz. (Wenn es nicht auf Anhieb geklappt hat, versuche es morgen noch einmal.)

Schule der Sinne

Ein Langzeitprogramm zur Konzentration

Man kann Konzentration zwar nicht erzwingen, aber eine aufmerksame Bewußtwerdung und Schulung unserer Sinnespotentiale kann ungeahnte Konzentrationskräfte freisetzen. Konzentrations-Pädagoge Ernst Ott entwickelte ein praktisch bewährtes ganzheitliches Langzeitprogramm, mit dem neben den Sinnen und dem Sinnesbewußtsein die Bereiche Allgemeine Konzentration sowie konzentrierte Real- und Phantasievorstellungen geübt und geschult werden können.

Wenn Sie einige dieser Übungen völlig unabhängig vom Trainingsprogramm Ihres Kindes absolvieren, haben Sie und Ihr Kind gleichermaßen einen Nutzen davon.

Ein Konzentrationsprogramm von A bis O (für Eltern)

A.
Schließen Sie entspannt die Augen. Vor Ihren Augen entsteht jetzt eine große, dunkle Fläche. Betrachten Sie diese Fläche, nichts darf sich auf ihr bewegen. Schieben Sie alles, was sich aufdrängen möchte, zur Seite. Es wird Ihnen nur jeweils wenige Sekunden gelingen, die Fläche vollkommen freizuhalten. Immer wieder müssen Sie rotierende Scheiben oder Wellenlinien beiseite schieben. Bleiben Sie konzentriert bei der dunklen Fläche. Wenn Ihnen das eine Minute lang gelingt, ist es eine gute Ausgangsleistung. Ziel ist, es fünf Minuten lang zu schaffen.

B.
Schließen Sie bewußt entspannt die Augen. Konzentrieren Sie sich auf das Einatmen. Die Luft streicht durch die Nase. Sie verspüren es ganz deutlich. Es wird Ihnen bewußt, Sie registrieren: Ich atme bewußt und spürbar ein. Nun atmen Sie bewußt aus. Sie verspüren die Luft durch den leicht geöffneten Mund leicht zischend zwischen Lippen und Zähnen entweichen.

C.
Betrachten Sie bewußt die Mitmenschen in Ihrer näheren Umgebung. Wie sind ihre Gesichtsform, die Augen, wie die Farbe der Augen und Haare? Vergleichen Sie das Ergebnis Ihrer Gedankenarbeit mit der Wirklichkeit. Machen Sie sich richtige und falsche Ergebnisse bewußt.

D.
Schließen Sie die Augen, wenden Sie Ihren Kopf in eine bestimmte Richtung. Blicken Sie nur ganz kurz auf, etwa 1/6 bis 1/3 Sekunde, werden Sie sich dabei bewußt, was Sie gesehen haben. Blenden Sie wieder kurz auf. Was kommt an Gesehenem hinzu? Wiederholen Sie das, bis Sie glauben, das gesamte Bild im Bereich Ihres Blickfeldes erkannt zu haben. Prüfen Sie danach, ob Sie die wesentlichen Dinge erkannt haben. Nach mehrmaligem Üben kommen Sie mit immer weniger Aufblendungen aus, um Ihr Blickfeld im einzelnen zu erfassen.

E.
Stellen Sie Ihr Radio oder Fernsehgerät bei Sprechsendungen bewußt allmählich immer leiser und bemühen Sie sich, trotzdem alles zu verstehen.

F.
Lauschen Sie konzentriert auf die Geräusche der Natur (Blätterrauschen, Säuseln des Windes, Rauschen des Baches, Wellenschlag am Seeufer, Tierstimmen, Insektensummen, Zirpen von Grillen) oder auf Geräusche an einer belebten Kreuzung.

G.
Achten Sie auf Sprechgewohnheiten Ihrer Gesprächspartner (Stimmhöhe, Sprechgeschwindigkeit, Deutlichkeit, Dialektfärbung, Flüssigkeit).

H.
Nehmen Sie die Duftnuancen von Speisen bewußt auf; wählen Sie dabei treffende Ausdrücke wie würzig, verbrannt, faulig …

I.
Nehmen Sie die Duftnuancen von Getränken bewußt auf; wählen Sie treffende Ausdrücke wie blumig, aromatisch …

J.
Nehmen Sie bewußt die Gerüche in der Straße einer Stadt auf (Benzin, Öl, Abgase, Abwässer, Rauch).

K.
Betasten Sie mit den Fingern bei geschlossenen Augen verschiedene Gegenstände, die Ihnen von jemandem gereicht werden, und beschreiben Sie Material, Form, Festigkeit, Oberflächenbeschaffenheit, Gewicht.

L.
Nehmen Sie mit Ihren bloßen Zehen die Bodenbeschaffenheit bewußt wahr. Wie fühlt sich der Boden an? Ist er steinig, sandig, sumpfig, weich, handelt es sich um Erde, Stein, Kies, Holz, Asphalt usw.?

M.
Spüren Sie bewußt, wie der Wind Ihr Gesicht umspielt. Konzentrieren Sie sich ausschließlich auf dieses Gefühl. Der Eindruck wird intensiver, wenn Sie dabei die Augen schließen.

N.
Genießen Sie Speisen bewußt. Beurteilen Sie das, was Sie schmecken, so treffend wie möglich. Beschränken Sie sich nicht auf allgemeine Urteile, wie es schmeckt – gut, ausgezeichnet oder schlecht. Wählen Sie differenzierte Begriffe wie zuckersüß, honigsüß, salzig, bitter, gesalzen, mild, stark gepfeffert, zart, zäh, knusprig.

O.
Genießen Sie bewußt Getränke. Urteilen Sie auch hier möglichst treffend, zum Beispiel mit Ausdrücken wie hopfig, malzig, feurig, spritzig, aromatisch, zart, dünn, rassig, füllig, gehaltvoll.

Zur Arbeit gehört die Pause!

Dirk sitzt schon seit einer Stunde an den Hausaufgaben und kommt nicht recht voran. Von den Rechenaufgaben – heute nur einfache Übungsaufgaben zur schriftlichen Addition – hat er noch nicht einmal die Hälfte gelöst. Bevor er die nächsten Aufgaben ins Heft schreibt, schaut er gedankenverloren aus dem Fenster, schaukelt auf dem Stuhl, lutscht am Füllerdeckel, spielt mit Lineal und Radiergummi Weitschießen. Irgendwann dazwischen schreibt er ein paar Zahlen ins Heft. Endlich stehen sie fein säuberlich untereinander, und er zieht den Additionsstrich mit Lineal, wie es sich gehört. Nun kommt das Zusammenzählen dran. Die Einerspalte geht noch relativ flott, doch schon bei der Zehnerspalte wiederholt er halblaut vor sich hin, immer langsamer werdend: »19 + 7 = 26, 26 + 8 = sechsundzwanzig plus acht, plus acht …«

Je öfter er die Aufgabe wiederholt, um so weniger sind seine Gedanken bei der Sache. Schon hat sich der Klang des Wortlautes verselbständigt und völlig vom Inhalt gelöst. Sein Blick geht wieder zum Fenster hinaus, und er beginnt zu träumen. Als sein Bruder im Zimmer nebenan die Tür zuknallt, kommt er abrupt in die Realität zurück. Doch nun kann er wieder von vorn beginnen, weil er vergessen hat, an welcher Stelle er war. Auf diese Art und Weise kann er sicher noch zwei Stunden verbringen, ehe er mit seinen Rechnungen fertig wird.

Welche Tips könnten ihm helfen?

Dirk vermischt die Zeit der Arbeit mit den Pausen. So hat er immer beides gleichzeitig und keines richtig. Deshalb müßte er die beiden Dinge trennen. Er sollte relativ zügig seine Additionsaufgaben vollständig lösen, wobei ihm das laute Mitsprechen hilft. Wie wir gesehen haben, bedeutet langsames Arbeiten nicht immer gründliches! Nach dieser einen Aufgabe soll er den Füller weglegen, sich anders auf seinen Stuhl setzen, die Arme vielleicht über den Kopf dehnen und tief durchatmen. Jetzt nimmt er die nächste Aufgabe in Angriff.

Nach etwa fünf bis sieben gelösten Rechnungen legt er eine größere Pause ein. Er steht auf, atmet am geöffneten Fenster durch, schaut nach, was Mutter oder Geschwister gerade machen und dreht vielleicht zwei Runden um den Tisch. Dann wendet er sich den nächsten Aufgaben zu. Zwischen Mathematik und Deutsch ißt er eine Mandarine, erzählt beim Ein- und Auspacken seiner Mutter die neuesten Schulstorys und macht sich dann wieder an die Arbeit.

Jetzt erscheint es ihm nicht mehr wie ein riesengroßer Berg. Er hat sich seine Aufgaben in kleine, überschaubare Einheiten eingeteilt.

Damit ihm der Weg vom Trödeln zum konzentrierten Arbeiten mit richtigen Pausen gelingt, wird am Anfang die Anwesenheit zum Beispiel der Mutter hilfreich sein. Auch Erwachsene arbeiten intensiver und konzentrierter, wenn sie sich beobachtet fühlen. Vor allem der Schritt von der Pause zur Arbeit fällt unter Kontrolle leichter. Trotz Pausen wird Dirk weniger Zeit für seine Aufgaben brauchen.

In diesem Zusammenhang muß außerdem berücksichtigt werden, daß die echte Konzentrationsphase eines Kindes durchschnittlich nur doppelt so viele Minuten wie Lebensjahre umfaßt, also ein zehnjähriges Kind braucht nach etwa 20 Minuten eine erste Pause von fünf bis zehn Minuten. Bekommt das Kind diese Pause nicht, nimmt es sich diese in Form der oben geschilderten »maskierten« Pausen, das heißt, es hat alle paar Minuten etwas anderes im Sinn.

Knubbelei Nr. 23: Mein Pausen-Test

Was hältst du von dieser Behauptung: »Ich kann in 300 Sekunden mehr Aufgaben richtig ausrechnen als in 330 Sekunden«? Ja, du hast richtig gelesen: Mehr in 300 als in 330!

Möchtest du erfahren, wie das möglich ist? Dann brauchst du nur meinen Pausen-Test mitzumachen. Das ist meine 23. Knubbelei, die du am besten an zwei verschiedenen Tagen erledigst.

In diesem Test geht es um solche Aufgaben:

$$4 + 3 + 2$$
$$4 + 7 - 6 \underline{\hspace{2cm}}$$

Als erstes rechnest du die erste Zeile aus (4 + 3 + 2 = 9) und behältst das Ergebnis im Kopf.

Dann rechnest du die zweite Zeile aus (4 + 7 − 6 = 5) und ziehst dann das kleinere Ergebnis (= 5) vom größeren (= 9) ab.

Das Endergebnis (9 − 5 = 4) schreibst du auf die Linie rechts neben der Aufgabe.

Jetzt brauchst du nur noch eine Person, die dir die Zeit stoppt.

Doch bevor es richtig losgeht, hier noch zwei Aufgaben zum Üben:

$$5 + 4 - 3$$
$$7 - 4 + 2 \underline{\hspace{2cm}}$$

$$6 + 3 - 7$$
$$7 - 5 + 4 \underline{\hspace{2cm}}$$

Wenn du bei der ersten Aufgabe 1 und bei der zweiten 4 herausbekommen hast, ist alles klar, dann kannst du starten.

Sobald deine »Stoppuhr-Person« dir das Zeichen gibt, beginnst du mit dem ersten Rechenblatt – und rechnest fünfeinhalb Minuten lang, so gut dein Kopf es aushält …

6 − 5 + 5 3 + 4 + 4 ___	5 + 9 − 2 5 + 6 − 2 ___	7 + 7 − 4 6 − 2 + 5 ___	6 + 8 − 9 9 − 5 + 3 ___	5 − 2 + 9 4 + 7 − 2 ___
5 + 9 + 2 6 + 7 − 8 ___	7 − 2 + 8 4 + 9 − 6 ___	8 − 2 + 5 3 + 9 − 5 ___	2 + 6 − 5 7 + 4 + 3 ___	9 + 2 − 5 7 − 4 + 6 ___
5 − 3 + 9 6 − 2 + 3 ___	9 + 8 − 2 8 + 3 − 4 ___	5 − 3 + 4 4 − 3 + 6 ___	6 + 9 − 3 8 + 3 − 5 ___	6 − 3 + 8 4 − 3 + 5 ___
4 + 4 − 5 5 − 4 + 8 ___	3 + 7 − 4 3 − 2 + 6 ___	5 − 3 + 8 9 − 3 + 5 ___	4 + 3 − 6 4 + 5 − 2 ___	3 + 5 − 2 4 − 2 + 7 ___
4 + 1 − 2 4 + 9 − 1 ___	6 + 7 − 5 3 + 3 + 6 ___	5 + 6 − 2 5 − 2 − 1 ___	7 − 3 + 5 5 + 3 − 1 ___	8 − 2 + 6 5 + 9 − 6 ___
5 + 4 + 3 9 − 4 + 6 ___	2 − 1 + 7 4 + 2 + 1 ___	4 + 6 − 3 7 − 6 + 3 ___	4 − 2 + 7 1 + 9 − 4 ___	4 + 7 + 1 4 + 5 − 3 ___
4 + 2 − 3 4 + 5 − 1 ___	7 + 4 − 5 5 − 3 + 8 ___	4 + 8 − 2 5 − 4 + 1 ___	2 + 4 + 8 5 + 6 − 8 ___	9 − 4 − 1 8 + 2 − 1 ___
4 + 5 + 8 3 + 6 − 3 ___	4 − 2 + 6 4 + 4 + 8 ___	1 + 4 + 7 6 − 5 + 8 ___	4 + 2 − 5 4 + 3 + 8 ___	9 + 3 − 6 4 + 8 − 9 ___
4 + 6 − 3 2 + 6 − 3 ___	3 + 9 − 5 4 + 7 − 2 ___	3 + 3 + 6 2 + 2 + 9 ___	7 + 3 − 1 7 − 3 + 4 ___	3 + 6 − 2 6 + 8 − 9 ___
4 + 2 + 8 8 − 5 − 1 ___	1 + 5 + 2 6 + 2 − 4 ___	3 − 1 + 7 9 − 6 − 1 ___	3 − 1 + 2 3 + 2 + 4 ___	7 − 6 + 8 5 − 2 + 3 ___

Nach sechs Minuten kannst du deine Ergebnisse mit den Lösungen auf Seite 126 vergleichen und das Gesamtergebnis hier eintragen:

In 330 Sekunden habe ich _____ Aufgaben richtig gelöst.

Den zweiten Teil des Tests machst du am besten morgen oder übermorgen.

Bist du startklar für den zweiten Teil?
Dann bitte deine »Stoppuhr-Person«, dich *nach drei Minuten* (180 Sekunden) zu unterbrechen und dir eine Pause von 30 Sekunden zu verordnen. In dieser Pause legst du den Schreibstift hin, schließt kurz die Augen, atmest tief durch und stellst dir vor, wie frisch du gleich weitermachen kannst.
Bei Sekunde 210 bekommst du das zweite Startsignal und rechnest noch zwei Minuten (120 Sekunden) weiter.

2. TEST :

$3+3+5$ $4+6-2$ ___	$5-3+6$ $3+5-1$ ___	$3+6-4$ $7-2+3$ ___	$6+3-5$ $3+4+1$ ___	$4+3+2$ $3-1+8$ ___
$7+2-4$ $4+4+1$ ___	$3+5-1$ $4+8-3$ ___	$4+3-2$ $2+6-4$ ___	$4+6-3$ $7-4+3$ ___	$2+9-4$ $5+3-4$ ___
$8+4-5$ $9+3-2$ ___	$4+6-3$ $4+3-2$ ___	$3+6-5$ $4-1+6$ ___	$5+1-3$ $4-3+7$ ___	$7+2-5$ $5+3-7$ ___
$7+4-5$ $5+5-7$ ___	$3+6-5$ $4+6-3$ ___	$5+4+3$ $2+8-4$ ___	$8+3-5$ $6+3-2$ ___	$5+5-4$ $4+2+1$ ___
$3+6+1$ $1+7-4$ ___	$4-1+7$ $3+6-2$ ___	$3-2+6$ $3+3+5$ ___	$7-5+8$ $5-2+4$ ___	$4+3+1$ $4-2+9$ ___
$6-5+7$ $4+7-5$ ___	$4+6-3$ $5+3-5$ ___	$5-3-1$ $4+6-7$ ___	$7+3-5$ $7-6+3$ ___	$1+7-3$ $3+2-1$ ___
$4+7-8$ $5-3+2$ ___	$5+7-6$ $4-2+7$ ___	$4+6-3$ $9+1-6$ ___	$3+3+1$ $7+3-8$ ___	$4+8-6$ $3+1+7$ ___
$2+9-5$ $4+1+6$ ___	$6-2+8$ $3-1+5$ ___	$4+6+4$ $4+2-1$ ___	$2-1+9$ $7+3-5$ ___	$8-7+4$ $5-1+7$ ___
$5+6-3$ $5+2+8$ ___	$1+8-4$ $8-6+4$ ___	$4+7-6$ $4+3+2$ ___	$5+2+5$ $6-3+5$ ___	$7-6+4$ $5+2+1$ ___
$4-3+7$ $1+8-5$ ___	$3+8-4$ $5-3+7$ ___	$4+3-5$ $4-1+2$ ___	$9+3-5$ $6+2-7$ ___	$8-3+6$ $9-5-1$ ___

Nach insgesamt fünfeinhalb Minuten kannst du deine Ergebnisse mit den Lösungen auf Seite 126 vergleichen und das Gesamtergebnis hier eintragen:

In 330 Sekunden (300 Sekunden plus 30 Sekunden Pause) habe ich _____ Aufgaben richtig gelöst.

Kannst auch du jetzt von dir behaupten: Mehr in 300 als in 330? 300 Sekunden konzentriertes Arbeiten bringt mehr als 330 Sekunden scheinbar konzentriertes Arbeiten.
Wenn du das nicht bestätigen kannst, war der Pausen-Test hoffentlich wenigstens eine gute Konzentrationsübung für dich.

Auf jeden Fall wird dein Erfolgsnetz immer dichter. Den Faden Nr. 23 darfst du besonders dick eintragen!

Mentales Training und »Hyperkonzentration«

Raumfahrer tun es, Krebskranken hat es auch schon geholfen – aber in wohl kaum einem anderen Bereich ist die Wirksamkeit mentaler Vorbereitung und konzentrativer Übung so groß wie im Leistungssport. Segler und Skirennläufer etwa haben ihre Rennstrecke schon längst vor dem Startschuß »im Geist« ebenso bewältigt wie Schützen, Turmspringer oder Tennisspieler, bevor sie tatsächlich schießen, springen oder den Ball spielen. Ohne konzentriertes mentales Training geht im modernen Hochleistungssport jedenfalls nicht mehr viel.

Unter mentalem Training versteht man in der Sportpsychologie das systematische und intensive geistige Durchspielen einer Handlung, ohne daß diese tatsächlich durchgeführt wird. Psychologisch ist die Wirksamkeit des mentalen Trainings auf den sogenannten Carpenter-Effekt zurückzuführen: Die alleinige konzentrierte Vorstellung einer körperlichen Bewegung, das »Visualisieren«, führt zu tatsächlichen muskulären und nervlichen Impulsen im Körper. Dieser Effekt spielt beispielsweise auch im Autogenen Training eine große Rolle, bei dem die Vorstellung, einen »schweren Arm« zu haben, zu einer entspannten, »schweren« Armmuskulatur führt. Die körperlichen Veränderungen mentaler Vorstellungen wie erhöhte Hauttemperatur, veränderte Pulsfrequenz oder Muskelentspannung sind prinzipiell nicht »eingebildet«, sondern können nachgewiesen und gemessen werden.

Diese mentale Vorbereitung führt in aller Regel zu einer Art »Hyperkonzentration«, in der Sportler einen so hohen Grad an Konzentration erreichen können, daß die Außenwelt völlig ausgeblendet wird. »Sportler«, sagt zusammenfassend Sportpsychologieprofessor Willi Railo, »beschreiben dieses Gefühl von Hyperkonzentration als Zustand in einer Glaskugel, die von allem, was nicht mit dem Wettkampf in Zusammenhang steht, abschirmt.«

Da alle Arten von mentalem Training und mentaler Vorbereitung einen entspannten Zustand voraussetzen, werden sie ausnahmslos zusammen mit Entspannungsverfahren wie Autogenem Training, Atemübungen, Progressiver Relaxation (Muskelentspannung), Yoga usw. eingeübt und durchgeführt.

Mentales Training am Küchentisch

Wie sehr unser Denken und Fühlen unser Handeln beeinflußt, läßt sich in einem kleinen Experiment schön veranschaulichen. Haben Sie Lust, es auszuprobieren? Vielleicht laden Sie Ihr Kind ein, mitzumachen?

(Vorweg sei noch betont: Auch wenn das Experiment mit einem »Pendel« ausgeführt wird, so gibt es dennoch keinerlei Berührungspunkte zum Okkultismus oder sonstwie suspekt anmutenden Bereichen.)

Nehmen Sie bitte einen Faden von circa 20 cm Länge und knoten Sie an das eine Ende ein kleines Gewicht (zum Beispiel Ring, Anhänger, Schlüssel, oder nehmen Sie einfach einen Teebeutel).

Fassen Sie das freie Fadenende zwischen Daumen und Zeigefinger der rechten Hand (Linkshänder linke Hand).

Stützen Sie den Ellenbogen neben diesem Buch auf, so daß das Gewicht über dem Mittelpunkt der Zeichnung baumelt:

Halten Sie den Faden in leicht abgeknickter Hand ganz ruhig. Das Gewicht sollte ungefähr einen Zentimeter über dem Mittelpunkt der Zeichnung hängen. Sorgen Sie dafür, daß der Faden ganz ruhig hängt und das Gewicht fast unbeweglich über dem Punkt schwebt.

Konzentrieren Sie sich nun auf die Linienführung (Pfeilrichtung). Stellen Sie sich ganz fest vor, daß die Schnur allmählich in diese Richtungen pendelt, obwohl Sie die Hand ganz ruhig halten und den Faden überhaupt nicht lenken.

Atmen Sie ganz ruhig, konzentrieren Sie sich unverkrampft auf die Linienführung.

Bewegt sich das Gewicht nicht, bringen Sie sich noch mehr zu Ruhe und konzentrieren Sie sich auf folgende Gedanken: Das Gewicht pendelt in Pfeilrichtung, obwohl ich die Hand überhaupt nicht bewege …

Wenn Sie noch mehr über dieses Phänomen staunen möchten, versuchen Sie es zum Schluß mit diesem Zifferblatt. Nachdem Sie das Gewicht über den Mittelpunkt gebracht haben, denken Sie ganz intensiv an eine bestimmte Uhrzeit, zum Beispiel immer wieder an 7.00 Uhr, sie denken nur an 7.00 Uhr …

In gleicher Weise können Sie das Experiment an einer dieser beiden Zeichnungen versuchen:

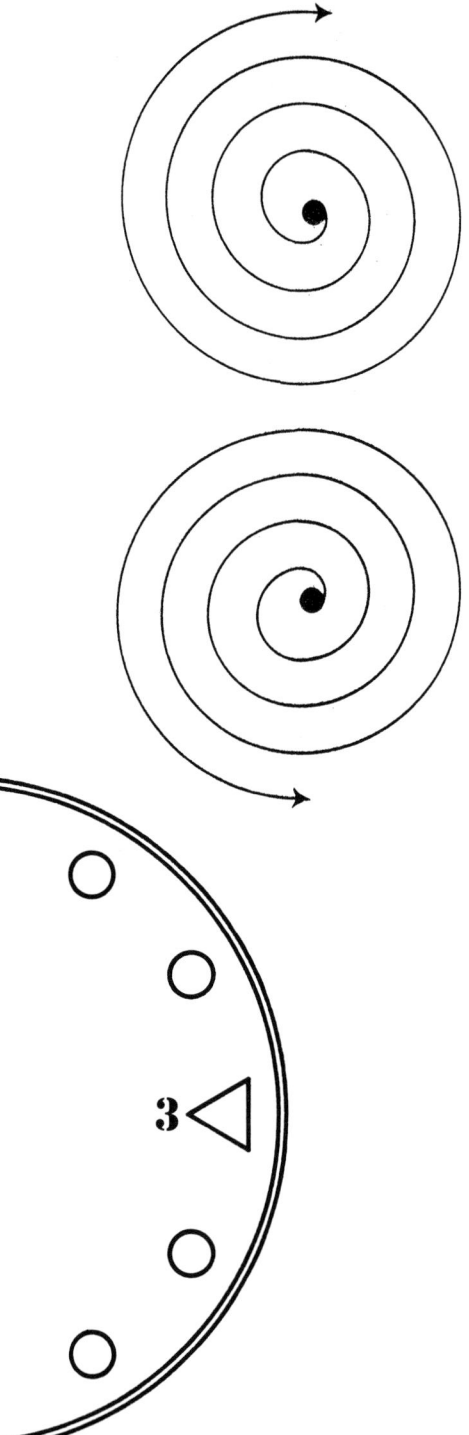

Es ist schon erstaunlich, wie stark unser Unterbewußtsein unser Handeln beeinflußt – und trotzdem bilden wir uns ein, wir hätten immer alles »fest im Griff« …

Entspannungsübungen als Konzentrationstraining

Wer sich konzentrieren soll, muß sich erst einmal entspannen können. Bevor Sie Ihrem Kind mit entsprechenden Tips helfen wollen, ist es hilfreich, zunächst wieder selbst einmal zu üben.

Schließen Sie die Augen, konzentrieren Sie sich nur auf das Einatmen. Spüren Sie, wie die Luft durch die Nase zieht. Sie erleben das ganz deutlich und sagen sich: »Ich atme bewußt spürbar ein.« Wenn Sie ausatmen, verspüren Sie die Luft durch den leicht geöffneten Mund zwischen Zähnen und Lippen entweichen.

Es mag Ihnen komisch vorkommen, so etwas als Konzentrationsübung zu betreiben. Aber gerade deswegen fällt Ihnen vielleicht eine solche Übung schwer.

Die folgende Übung ist ein weiteres Beispiel, wie viele Auswahlmöglichkeiten an Konzentrationsübungen es gibt:

Betrachten Sie bewußt die Gegenstände in Ihrer Umgebung. Beginnen Sie zum Beispiel mit Ihrem Schuh. Betrachten Sie Form, Farben und das Material.

Schließen Sie nun die Augen und zeichnen Sie den Schuh in Gedanken nach. – Öffnen Sie die Augen wieder und vergleichen Sie Ihr Gedankenbild mit dem Gegenstand. Machen Sie sich bewußt, was Sie alles vergessen oder falsch gesehen haben.

Solche und ähnliche Übungen können Sie mit allen Objekten in Ihrem Blickfeld machen.

Vom Geist zum Körper

Ein besonders geeignetes Mittel zur Konzentrationsförderung, sozusagen ein Antistreßmittel, ist die Bewegung, vor allem, wenn sie mit einem gewissen Lustgefühl verbunden ist.

Der Bewegungsmangel in der Schule darf zu Hause nicht beliebig fortgesetzt werden. Wer kleine Körperübungen mit Anspannen und Entspannen regelmäßig vor und ein- bis zweimal während der Hausaufgaben macht, betreibt auch dadurch ein wirkungsvolles Konzentrationstraining.

Sehr gut geeignet sind Miniübungen nach Dr. Reinhardt. Wie diese Übungen auszuführen sind, erfährt Ihr Kind in der nächsten Knubbelei. Vielleicht werden Sie ja zum Mitmachen eingeladen. Nehmen Sie die Einladung an?

Knubbelei Nr. 24: Muskelspiele

Die nächste Knubbelei hat mir ein Sportarzt empfohlen, der seit Jahren schon erfolgreiche Spitzensportler betreut. Wenn du die Übung einmal kannst, brauchst du nicht mal zwei Minuten dafür. Zwei Minuten Training, und du bist topfit. Ein ideales Fitneßtraining, das du am besten unmittelbar vor deinen Hausaufgaben machst.

Es sind zwölf Miniübungen. Jede dauert sechs Sekunden (du zählst langsam sechsmal: einundzwanzig – 21 – 21 – 21 – 21 – 21). Da mußt du deine Muskeln spielen lassen. Denn jede Übung wird mit stärkster Anstrengung durchgeführt, und ohne Pause folgt eine auf die andere.

Dabei mußt du gut durchatmen, du darfst den Atem nicht anhalten.

Du setzt dich auf die vordere Hälfte des Stuhles, dein Oberkörper ist aufgerichtet, die Füße stehen fest auf dem Boden.

Muskel 1:
Füße gegen den Boden stemmen –
Po und Bauch spannen –
Kopf Richtung Decke schieben,
Blick nach vorne.

(21 – 21 – 21 – 21 – 21 – 21)

Muskel 2:
Linke Hand auf das rechte Knie legen –
rechte Ferse vom Boden heben –
Hand und Knie fest gegeneinander spannen.

(21 – 21 – 21 – 21 – 21 – 21)

Muskel 3:
Rechte Hand auf das linke Knie legen –
linke Ferse vom Boden heben –
Hand und Knie fest gegeneinander spannen.

(21 – 21 – 21 – 21 – 21 – 21)

Muskel 4:
Beide Hände umfassen seitlich fest den Stuhlsitz,
der Oberkörper ist aufgerichtet –
die Hände ziehen den Sitz fest zum Po –
der Rücken muß gestreckt bleiben.

(21 – 21 – 21 – 21 – 21 – 21)

Muskel 5:
Beide Hände auf den Bauch legen –
Einatmung gegen den Widerstand der Hände –
Ausatmung in Verbindung mit Zählen:

21 – 21 – 21 – 21 – 21 – 21

Muskel 6:
Schultern soweit wie möglich nach hinten ziehen,
so daß sich die beiden Schulterblätter nähern.

(21 – 21 – 21 – 21 – 21 – 21)

Muskel 7:
Hände hinter dem Kopf falten
und den Kopf fest dagegen stemmen.

(21 – 21 – 21 – 21 – 21 – 21)

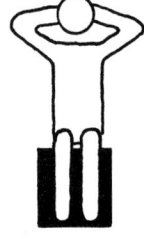

Muskel 8:
Die gefalteten Hände auf die Stirn legen
und den Kopf fest dagegen stemmen.

(21 – 21 – 21 – 21 – 21 – 21)

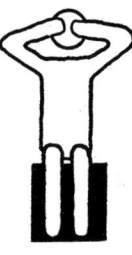

Muskel 9:
Die rechte Hand flach an die rechte Schläfe drücken,
der Kopf drückt fest dagegen.

(21 – 21 – 21 – 21 – 21 – 21)

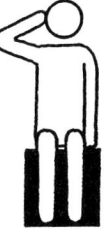

Muskel 10:
Die linke Hand flach an die linke Schläfe drücken,
der Kopf drückt fest dagegen.

(21 – 21 – 21 – 21 – 21 – 21)

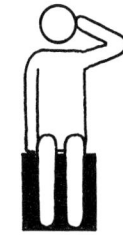

Muskel 11 (Droschkenkutscher-Haltung):
Ganz locker hängen lassen,
die Augen geschlossen halten
und sich sechsmal langsam sagen:
»Ich bin völlig entspannt.«

Muskel 12:
Zum Abschluß Hände auf die Knie legen,
Oberkörper aufrichten,
Arme fest strecken,
tief durchatmen.

(21 – 21 – 21 – 21 – 21 – 21)

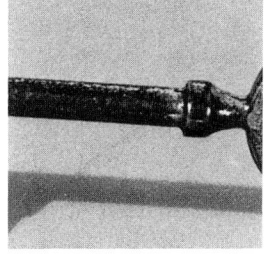

Übrigens: Für jeden Tag, an dem du diese Muskelspiele gemacht hast, darfst du den Faden Nr. 24 nachzeichnen! Daran kannst du dann wunderbar ablesen, wie stabil dein Erfolgsnetz wird.
Würdest du deine Eltern als deine Trainer engagieren? Einer von ihnen könnte dir dann vorlesen, was du jeweils machen sollst. Du könntest dich dann voll und ganz auf dein Muskelspiel konzentrieren.
Und wenn du dich ab und zu mal deiner Mutter oder deinem Vater als Muskeltrainer zur Verfügung stellst, wären sie wahrscheinlich auch recht froh und dankbar. Vielleicht warten sie sogar heimlich schon auf deine Einladung?

Der Hausaufgabenvertrag

Wann ist eigentlich die beste Zeit für Hausaufgaben? Noch müde vom Mittagessen und dem Unterrichtsvormittag können sich viele Kinder nur schwer dazu aufraffen. Die Ermunterung »Mach deine Aufgaben am besten gleich, dann hast du hinterher die Zeit für dich« leuchtet zwar ein, doch das Schwerste am Ganzen ist erst einmal das Anfangen.

Manche können sofort nach dem Essen mit den Aufgaben beginnen, andere brauchen erst eine Pause. Die einen wollen erst zum Spielen raus und verlieren darüber die Zeit und die Aufgaben aus den Augen. Andere fangen zwar gleich an, brauchen aber »ewig«, bis sie fertig werden und haben hinterher kaum noch wirklich Zeit für sich selber. Die meisten Mütter sind es leid, die Kinder ständig zum Lernen anzuhalten, wenn sie trödeln, träumen oder Geschichten erzählen.

Sollten Sie sich am besten ganz raushalten, oder sind Strenge und Durchsetzungsvermögen angezeigt? Nicht selten begehen die Hausaufgaben »Hausfriedensbruch«.

Vielleicht ist der Hausaufgabenvertrag eine Möglichkeit, die Situation für beide Seiten besser in den Griff zu bekommen. Das ist allerdings – wie jeder gute Vertrag – eine Vereinbarung auf Gegenseitigkeit. Eltern und Kind müssen beide mit den festgelegten Punkten einverstanden sein.

Beim Aufsetzen des Vertrags muß berücksichtigt werden, daß Kinder ganz unterschiedlich viel Hilfe und Unterstützung brauchen. Bei dem einen sollte die Mutter möglichst im selben Zimmer sein, beim anderen genügt es, wenn es die fertigen Aufgaben zeigt. Deshalb ist der folgende Vertrag nur eine von vielen Möglichkeiten und muß nach Bedarf geändert werden.

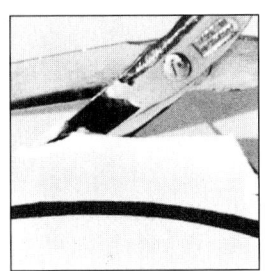

Hausaufgabenvertrag

zwischen _____ und _____
            (Kind)   (Mutter/Vater)

Hiermit verpflichten wir uns, folgende Vereinbarungen eine Woche lang einzuhalten:

1. Eine halbe Stunde nach dem Mittagessen besprechen wir, was heute an Aufgaben gemacht werden muß.
2. Wir legen zusammen eine Reihenfolge fest (zum Beispiel Mathematik, Deutsch, Erdkunde).
3. Als Schüler/in schätze ich, wieviel Zeit ich für die einzelnen Aufgaben benötige und notiere diese Zeit.
4. Nach der ersten Einheit vergleiche ich die geschätzte Zeit mit der tätsächlich gebrauchten.
5. Ich lege von Zeit zu Zeit eine kleine Pause ein.
6. Am Ende jeder Einheit kann ich Mutter (oder Vater) fragen, wenn ich etwas nicht verstanden habe.
7. Die schriftlichen Aufgaben zeige ich am Schluß freiwillig vor.
8. Ich als Mutter/Vater höre die mündlichen Aufgaben ab (Gedichte, Lesetext, Einmaleinsreihe, Erklärungen zur Sachkundezeichnung usw.).
9. Ist eine Aufgabe in meinen Augen nicht besonders gelungen, entscheide nicht ich, ob sie nochmals gemacht werden muß, sondern überlasse das am nächsten Tag dem Lehrer.
10. Wir verzichten bei der Hausaufgabenkontrolle auf Schimpfen und Maulen.
11. Wird der Vertrag eine Woche eingehalten, belohnen wir uns gegenseitig. (Dazu gibt es im Anhang dieses Vertrags einen Wunschzettel.)
12. Nach einer Woche reden wir darüber, ob sich der Vertrag bewährt hat oder an welchen Punkten er geändert werden muß.

_____

Ort, Datum, Unterschriften (Kind, Eltern)

Wunschzettel zum Hausaufgabenvertrag

Jede/r Vertragspartner/in kreuzt drei Wünsche an. Wird der Vertrag eine Woche lang in allen Punkten eingehalten, muß beiden einer dieser Wünsche erfüllt werden:

	Kind	Eltern
Am Sonntag ganz lang ausschlafen		
Einen Nachmittag zur freien Verfügung – ohne Familie		
Pralinen		
Ein Mittagessen ohne Nörgelei		
Gemeinsamer Kinobesuch		
Ein Wochenende ohne Küchenarbeit		
Einen Abend in der Woche länger aufbleiben		
Blumenstrauß		
Gedeckter Frühstückstisch		
Befreiung vom Geschirrdienst		
Ein selbstgemaltes Bild		
ein Lieblingsessen		
Eis essen gehen		
Zoobesuch		
Sonstiges:		

Klassenarbeitsvorbereitung

Seit einer Woche weiß Jörg, daß am Freitag eine Erdkundearbeit angsagt ist, doch das Lernen hat er immer wieder verschoben, denn erstens ist es ja noch lange hin, zweitens hat er so viele andere Dinge zu tun, die angenehmer sind, und drittens hat er sich ernsthaft vorgenommen, am Donnerstag nachmittag zu lernen, so wie er normalerweise seine Englisch-Vokabeln lernt. Am Mittwochabend beschleicht ihn vor dem Einschlafen ein etwas mulmiges Gefühl. Hoffentlich bekommt er am nächsten Tag nicht zu viele Hausaufgaben, und hoffentlich entpuppt sich der Lernstoff in Erdkunde nicht viel umfangreicher als angenommen!

Donnerstag nachmittag. Rein mechanisch erledigt er Mathematik, Englisch und Deutsch und ärgert sich dabei, daß er Erdkunde so lange vor sich hergeschoben hat. Als er sein Heft aufschlägt, merkt er, daß in einigen Karten die Städtenamen noch gar nicht eingetragen sind. Nach Gutdünken füllt er die Lücken aus, ist sich jedoch nicht sicher, ob alles stimmt. Nun fängt er an, auswendig zu lernen: die Namen aller Bundesländer, die Namen der Landeshauptstädte, die Namen der wichtigsten Flüsse, die an Deutschland angrenzenden Staaten. Alles schön für sich. In seinem Erdkundeheft hat er eine Tabelle dieser Dinge, die er brav von oben nach unten lernt. Außerdem stehen da noch einige Zahlen. Ob es die Einwohnerzahlen oder die Quadratkilometer des Bundeslandes sind, weiß er nicht, denn er hat vergessen, die Bezeichnung dahinter zu schreiben. So versucht er, alles der Reihe nach in seinen Kopf zu pauken.

Später kommt seine Mutter, um ihn abzuhören. Am liebsten hätte er alles nacheinander heruntergerattert. Doch sie fragt ganz andere Dinge: Wie heißt das nördlichste Bundesland? Durch welche Bundesländer fließt der Rhein? Welche Staaten grenzen an Baden-Württemberg? Wie heißt die Landeshauptstadt von Niedersachsen? Zeige auf der Karte den Verlauf der Elbe!

Eigentlich kann er nichts beantworten. Beim ganzen Lernen hat er keine inhaltlichen Bezüge zwischen den Einzelfakten hergestellt, geschweige denn einen Blick in den Atlas geworfen. Es fehlt ihm die räumliche Vorstellung, wo er das Gelernte einordnen könnte. Doch in der Zwischenzeit ist es schon spät geworden. In seinen Kopf geht nichts mehr rein, und beklommen erwartet er die Katastrophe der kommenden Arbeit.

Für viele Kinder ist das Üben vor einer Klassenarbeit mit so viel Zeit- und Leistungsdruck verbunden, daß ihnen der Spaß am Lernen regelrecht vertrieben wird.

Dabei ist es auch im Blick auf die Noten gar nicht sinnvoll, am Tag vor einer Klassenarbeit noch besonders intensiv zu üben. Der Lernstoff hat dann nicht ausreichend Gelegenheit, sich setzen zu können, wirklich verarbeitet zu werden. Außerdem würde dadurch zu sehr betont, wie wichtig doch diese Arbeit ist, wieviel für das Kind davon abhängt.

Wahrscheinlich müßte das Kind dann am nächsten Tag die Erfahrung machen, daß ihm vieles von dem, was so intensiv geübt wurde, auf einmal nicht mehr einfällt. Das berühmt-berüchtigte »Brett vor dem Kopf« ist oftmals eine Folge zu intensiver und umfangreicher Vorbereitungen und Übungen bis kurz vor Beginn der Arbeit.

So ist es auch nicht sinnvoll, etwas 150%ig zu üben. Ein solches »Überlernen« hätte wahrscheinlich nur zur Folge, daß vieles von dem, was bereits saß, nun plötzlich vom verwirrenden »Überlernten« verdrängt wird. Wer zuviel im Kopf hat, ist in Gefahr, daß ihm im entscheidenden Moment nichts einfällt.

Außerdem wird der Stellenwert von Klassenarbeiten durch solche Trainingsformen in einer Weise überbetont, daß eine Streßbelastung entsteht, die so stark sein kann, daß das Kind plötzlich nicht einmal mehr weiß, wieviel 2 x 2 ist.

Für wen eine Situation, die er zu meistern hat,

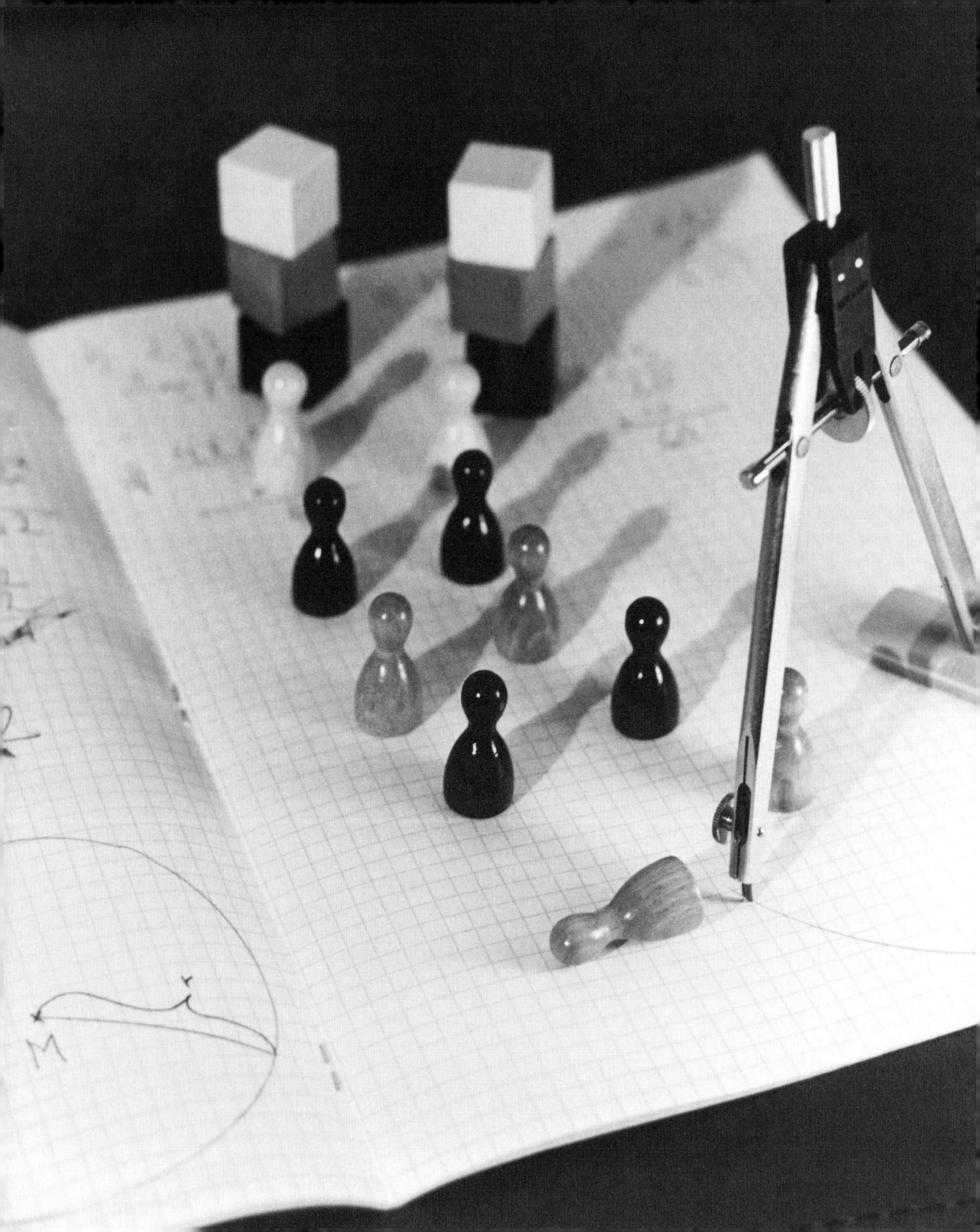

allzusehr mit Streß beladen ist, weil zuviel vom Ergebnis abzuhängen scheint, der programmiert bereits im Vorfeld das mögliche Versagen. Da hilft auch der gutgemeinte Rat nicht weiter: »Es ist ja nicht schlimm, wenn du keine 2 bekommst!« Unterschwellig spürt das Kind, daß es mit einem schlechteren Abschneiden die Erwartungen doch enttäuscht. Ein »bißchen« Enttäuschung gibt es dabei nicht. Vor allem nicht für jemanden, der es besonders gut machen will.

Es fällt auf, daß gerade Kinder, die dadurch sehr hohe Ansprüche an sich selbst stellen, derartigen Streßfaktoren besonders intensiv ausgesetzt sind. Oft kommt auch durch zuviel Elternhilfe beim Lernen zum Ausdruck, wie wenig man dem Kind selber zutraut. Wenn das Kind dann zu sehr nur Anweisungen und Anleitungen auszuführen und zu erfüllen hat, wird es nicht nur in seiner Unselbständigkeit bestärkt, sondern verliert auch die Antriebskräfte wie Motivation und Lernfreude.

Bekommt der Mensch für jeden Arbeitsschritt ganz präzise Anweisungen, macht er sich selber keine Gedanken mehr um einen möglichen Lösungsweg. Er wird denkfaul, tut nichts mehr ohne Anweisung, und wenn er versagt, macht er dafür nur die anderen verantwortlich.

Die Hinführung zur Selbständigkeit, das Selbermachen-Wollen zulassen und dem Kind die Verantwortung für sein Lernen nicht ständig abnehmen sind Methoden, das Engagement des Kindes zu erhöhen.

Ein Kind, das zu oft spürt, daß immer jemand da ist, der alles regelt, der in jedem Augenblick weiß, was gerade jetzt gut für es ist, verhält sich nur konsequent, wenn es faul und bequem wird.

Verantwortung übertragen, die ihm gehört und die es tragen kann – in diesem Sinne lassen Kinder sich gerne fordern. Überforderung spürt man im allgemeinen nur dort, wo man nur ausführendes Organ sein darf oder muß.

Knubbelei Nr. 25:
Mein Konzentrations-Edelstein

Schon oft habe ich Schülerinnen und Schüler nach einer Klassenarbeit stöhnen gehört:

Ich konnte mich einfach nicht konzentrieren!
Es war zu laut in der Klasse.
Ich hatte Kopfschmerzen.
Obwohl ich die Aufgabe zehnmal durchgelesen habe, verstand ich nur Bahnhof.
Der Lehrer schaute mir ständig ins Heft, das machte mich ganz nervös.
Als ich die vielen Aufgaben sah, da wußte ich, das schaff ich nie!
Plötzlich war mein ganzes Wissen wie weggeblasen.
Als ich sah, daß Tanja schon mehrere Seiten wie eine Wahnsinnige geschrieben hatte, ging bei mir gar nichts mehr.
Laufend gingen mir die klugen Sprüche meiner Eltern durch den Kopf:
»Streng dich an, gib dir Mühe, du mußt dich nur konzentrieren!«
Ich wußte, daß ich zwei Wochen Fußballverbot bekomme, wenn ich diese Arbeit verhaue. Deshalb war ich ganz aufgeregt.

Ist da vielleicht der eine oder andere Satz von dir dabei? Dann kann ich dir meine Stop-Methode wärmstens empfehlen:
Immer wenn du merkst, daß die Gedanken spazierengehen, kannst du gegensteuern mit einem bewußten »Stop! – Darüber denke ich später nach. Jetzt will ich die Mathe-Aufgabe lösen!«
Oder: »Stop! – Wie heißt das Aufsatzthema? Ich will jetzt den Aufsatz schreiben!«
Oder: »Stop! – Ich gebe nicht so einfach auf. Ich werde die Lösung finden. Ich schaffe es!«
Für solche Fälle habe ich mir einen Konzentrations-Edelstein ausgemalt. Ich habe ihn über meinen Schreibtisch gehängt. So habe ich mein ganz persönliches »Stop-Schild« immer vor Augen.
Wenn du willst, kannst du ihn gern nachzeichnen oder dir eine Fotokopie davon machen und ihn nach Herzenslust ausmalen, daß er in allen Farben schillert.
Dann kannst du ihn als Poster über deinen Schreibtisch hängen oder stark verkleinert als Lesezeichen benutzen. Und immer soll er dich daran erinnern, daß du dich jetzt viel besser konzentrieren kannst. Ja, daß du nach soviel Knubbeleien jetzt fast schon selbst ein richtiger »Konzentrations-Knubbel« geworden bist.

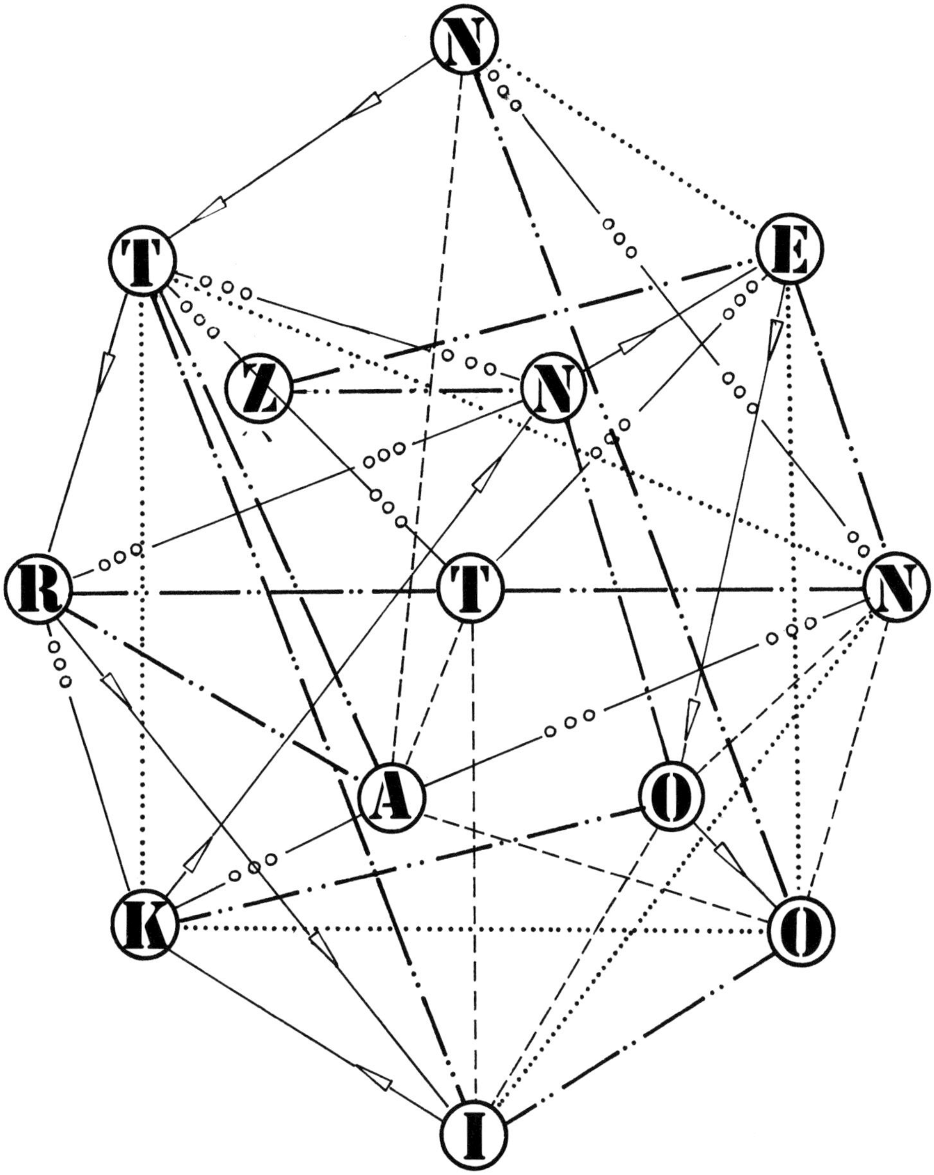

Und jetzt ist mit dem letzten Faden auch dein Erfolgsnetz fertig. Gratuliere!

Welcher Lerntyp ist mein Kind?

Die folgende Aufstellung orientiert sich an den neun Typen der Persönlichkeit, die im Enneagramm, einem schon jahrhundertealten System zur Erlangung von mehr Selbsterkenntnis, beschrieben sind.

Typ 1:
Er ist sehr wißbegierig, beobachtet genau, achtet auf viele Details und erkennt die Zusammenhänge. Er legt hohe Maßstäbe an seine Arbeit und erwartet von sich und anderen größtmögliche Perfektion. Obwohl er sehr selbstkritisch ist, ist er von seinen Qualitäten überzeugt und erwartet von sich optimale Leistung. Er kann gut erklären und lernt selbst am besten, wenn er einem Mitschüler beim Lernen hilft.

Typ 2:
Für ihn muß das soziale Umfeld stimmen. Er lernt mehr für den Lehrer als für sich selbst. Wichtig für ihn sind konkrete, anschauliche Dinge. Vor allem wenn die Beispiele aus dem zwischenmenschlichen Bereich stammen, sind Lernbereitschaft und Motivation am größten. Wichtig für ihn ist eine harmonische Atmosphäre. Probleme treten auf, wenn er sich von Lehrer oder Mitschüler abgelehnt fühlt und der Unterrichtsstoff zu abstrakt wird. Persönliche Probleme schlagen sich sofort auf die Leistung nieder.

Typ 3:
Er ist der Erfolgstyp schlechthin. Am wichtigsten für ihn ist, besser als die anderen zu sein. Er mißt sich nicht an seinen Fähigkeiten und Möglichkeiten, sondern an der Anerkennung, die er erfährt. Auf dem Weg zum Erfolg ist ihm jedes Mittel recht, auch Spickzettel und Abschreiben. Von seinen Eltern wird er darin meist unterstützt, indem sie seinen Schulnoten große Bedeutung beimessen. Seine persönliche Selbsteinschätzung steigt mit guten Noten und fällt mit schlechten. Persönliche Begabungen, die außerhalb der schulischen Leistungen liegen, werden oft übersehen und bleiben leider unterentwickelt.

Typ 4:
Was er vor allem braucht, ist Beachtung. Wenigstens ein paarmal pro Tag muß er durch etwas Besonderes auffallen. Seine Hauptstärken liegen im musisch-kreativen Bereich. Von Lehrern, Eltern und Mitschülern erwartet er mehr Aufmerksamkeit als andere. Bekommt er sie nicht, kann er zum Klassenclown werden. So forsch und überlegen sein Auftreten auch manchmal ist, verträgt er jedoch keine Kritik. Seine Stimmung schwankt zwischen himmelhoch jauchzend und zu Tode betrübt.

Typ 5:
Er ist der kleine Professor. Er liest viel und möchte am liebsten alles wissen. Über seine speziellen Interessengebiete weiß er oft mehr als seine Lehrer. (Was nicht alle Lehrer vertragen!) Er arbeitet sich intensiv in ein Thema ein und stößt dabei auf hundert interessante Nebenthemen, über die er sich auch gründlich informieren will. So kann er sich leicht verzetteln und den roten Faden verlieren. Es kann sein, daß er den ganzen Nachmittag an den Aufgaben sitzt und nicht fertig wird. Nicht weil er trödelt, sondern weil er sich in Details verliert und jeder Nebenspur nachgeht. Bei allen Kenntnissen, die er sich angeeignet hat, ist er sich bewußt, was er alles noch nicht weiß. Deshalb hat er vor Klassenarbeiten und Prüfungen das Gefühl, nicht gründlich genug vorbereitet zu sein. Da er normalerweise mit seinem Wissen nicht protzt, muß er erst entdeckt werden. Er gerät leicht zum Eigenbrötler, deshalb sind soziale Kontakte für ihn besonders wichtig.

Typ 6:
Er ist normalerweise ein ordentlicher Schüler, der seine Aufgaben ordentlich und zuverlässig macht. Weil auf ihn absolut Verlaß ist, kümmert er sich

oft um die »Ämter« der Klasse (Tafeldienst, Blumendienst, Klassenbuch, Schülerbücherei usw.). Er macht seine Aufgaben vor allem aus Pflichtbewußtsein, erst in zweiter Linie aus Interesse. Er muß besonders ermutigt werden, sich in berechtigten Fällen gegen Autoritäten wie Eltern und Lehrer durchzusetzen. Da er normalerweise ein »pflegeleichter« Schüler ist, erwarten die Lehrer von ihm am wenigsten Widerspruch.

Typ 7:
Hauptsache, es macht Spaß. Er läßt sich leicht für alles Neue begeistern und macht so lange mit, wie es ihm gefällt. Auf Lernspiele aller Art spricht er besonders an. Anschließend kann er in den schönsten Farben darüber reden, doch was er dabei lernen sollte, ist ihm nicht unbedingt bewußt. Er geht gerne in die Schule, weil dort was los ist. Den ganzen Tag braucht er Action, Abwechslung und Programm. Sein Durchhaltevermögen ist nicht besonders ausgeprägt. Schnell verliert er die Lust, wenn Spiel in Arbeit ausartet. Lehrer und Eltern lassen sich immer neue Tricks einfallen, um ihn bei der Stange zu halten. Doch ernsthaft böse sein kann man ihm nicht, dem Sonnyboy!

Typ 8:
Er gilt oft als schwieriges Kind, weil er bei vielen Themen prinzipiell die Opposition vertritt. Er sucht den Machtkampf und wächst am Widerstand. Das kann beim täglichen Kampf um die Hausarbeit beginnen und sich in zig Kleinkriegen fortsetzen. (Den Umgang mit solchen Kindern hat Jirina Prekop in ihrem Buch *Der kleine Tyrann*, Kösel-Verlag, München, 15. Aufl. 1993, beschrieben.) Es ist keine Lösung, um des lieben Friedens willen nachzugeben, denn eigentlich möchten diese Kinder starke Erzieherpersönlichkeiten erleben, denen sie vertrauen können. Sie brauchen den sprichwörtlichen »Fels, gegen den sie rennen und sich die Hörner abstoßen können«. Doch die Mühe lohnt sich. Diese Kinder stehen – wenn die Entwicklung positiv verlaufen ist – nicht in der Gefahr, sich unkritisch anderen Meinungen anzuschließen und können starke Persönlichkeiten werden.

Typ 9:
Ihn bringt nichts aus der Ruhe. Er kann stundenlang konzentriert arbeiten, wenn man ihn nicht hetzt. Allerdings ist die Gefahr des Tagträumens und Trödelns bei ihm groß. Normalerweise braucht er zu allem seine Zeit, was ihn selbst weniger stört als seine Umgebung. Die Hektik der anderen ist ihm unbegreiflich. Was man morgen machen kann, braucht man heute noch nicht zu tun, und manche Dinge erledigen sich sogar von selbst. Er ist am besten, wenn man ihm zu bestimmten Arbeiten einen Termin setzt, zu dem sie fertig sein sollten, sonst kann er sie endlos vor sich herschieben. Ein genauer Plan (mit Kontrolle!), wann die einzelnen Aufgaben gemacht werden müssen, ist hilfreich und notwendig. Sonst fällt ihm am Sonntagabend ein, daß er für Montag einen langen Aufsatz schreiben muß.

Wenn wir die einzelnen Typen betrachten, fällt auf, daß wir uns von jedem eine Scheibe abschneiden können:
– die Perfektion und Wißbegierde vom Typ 1,
– das soziale Denken vom Typ 2,
– die Zielstrebigkeit vom Typ 3,
– die Kreativität vom Typ 4,
– die Lernbereitschaft vom Typ 5,
– die Zuverlässigkeit vom Typ 6,
– die Fröhlichkeit vom Typ 7,
– das Selbstbewußtsein vom Typ 8,
– die Ausgeglichenheit und Konzentrationsfähigkeit vom Typ 9.

Sicherlich haben Sie Ihr Kind in einem oder auch in mehreren Lerntypen wiedererkannt. Wenn Sie sich die jeweiligen Bemerkungen dazu zu Herzen nehmen, sind Sie auf dem besten Weg, Ihrem Kind hilfreich zur Seite zu stehen, zukünftig konzentrierter und damit auch erfolgreicher zu lernen – damit Schule (wieder) Spaß macht!

Auflösungen

Knubbelei Nr. 1:	8
Knubbelei Nr. 2:	Seite 104
Knubbelei Nr. 3:	So bringt dein Training dir Erfolg: Du hast wirklich Ausdauer! Du bist voll bei der Sache!
Knubbelei Nr. 16:	Soeben erobere ich den sechzehnten Faden
Knubbelei Nr. 20:	16, 78, 60, 23, 55, 42, 48, 4, 83, 89, 26, 16
Knubbelei Nr. 21:	3A, 1B, 2B
Knubbelei Nr. 23	(jeweils von oben nach unten):

1. Test:
5, 11, 4, 6, 9, 1, 5, 11, 2, 12, 3, 6, 8, 1, 4, 1, 4, 8, 2, 4, 1, 4, 1, 1, 7, 3, 8, 3, 1, 7, 2, 5, 6, 6, 2, 3, 11, 14, 1, 5, 3, 3, 5, 3, 4, 6, 5, 3, 2, 3

2. Test:
3, 4, 3, 3, 6, 2, 1, 5, 7, 4, 1, 2, 2, 3, 3, 4, 3, 5, 1, 2, 3, 1, 5, 6, 4, 2, 3, 9, 4, 3, 4, 1, 5, 1, 3, 1, 5, 5, 4, 6, 1, 7, 3, 1, 3, 1, 5, 6, 3, 8

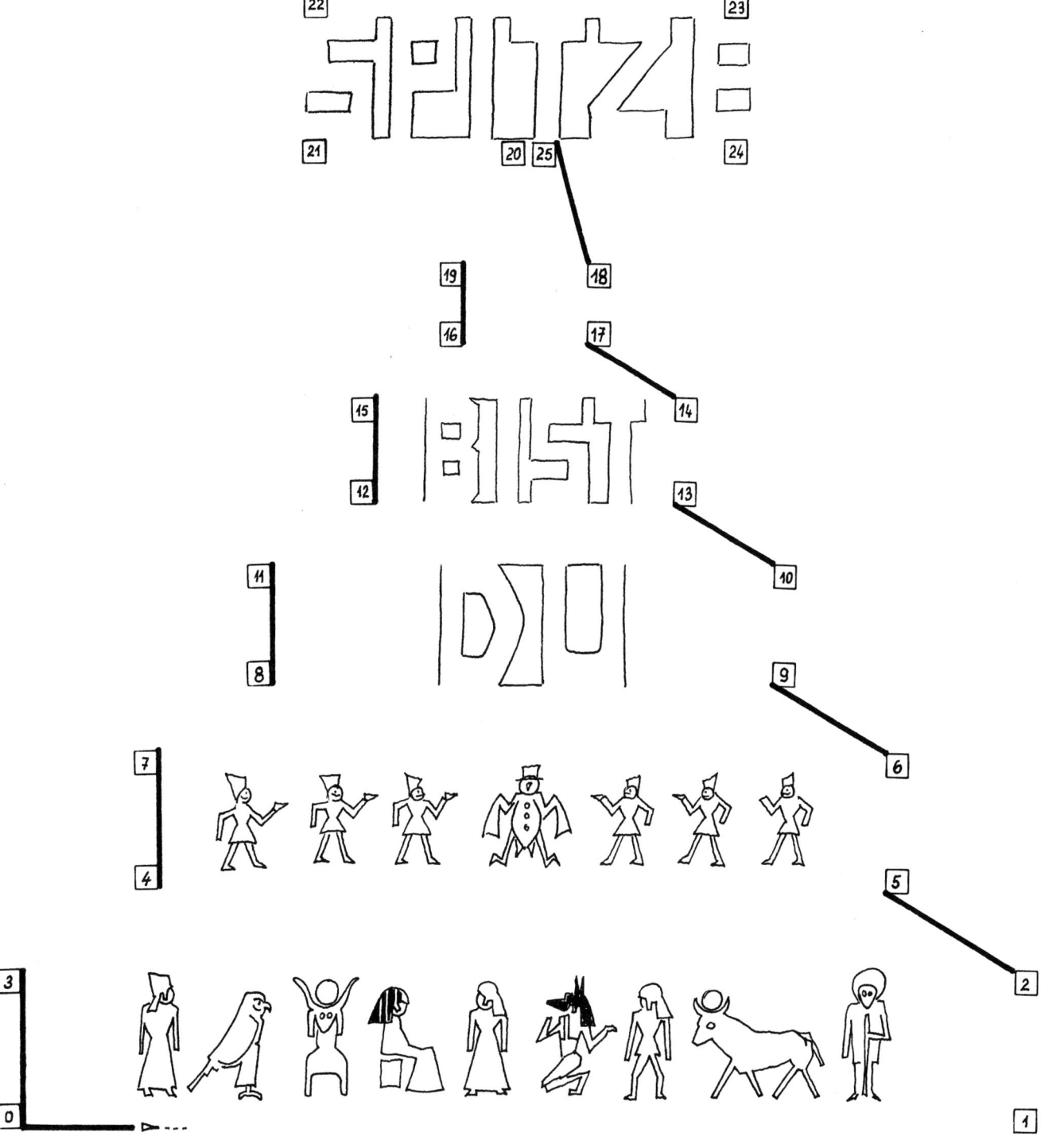

Literaturhinweise

Verwendete Literatur

Horn, Sam: *Konzentration. Mit gesteigertem Aufnahme-
und Erinnerungsvermögen zum Erfolg*, Ueberreuter
Verlag, Wien 1993

Huber, Andreas: »Konzentration: Sind Sie noch bei der
Sache?«, in: *Psychologie Heute*, Heft 11/1993, S. 20-29

Kabat-Zinn, Jon: *Gesund und streßfrei durch Meditation*,
O.W. Barth/Scherz Verlag, München 1991

Ott, Ernst: *Das Konzentrationsprogramm. Konzentrations-
schwäche überwinden, Denkvermögen steigern*, Rowohlt
Verlag, Reinbek, rororo-Taschenbuch 7099

Wegner, Daniel: *Die Spirale im Kopf. Von der Hartnäckig-
keit unerwünschter Gedanken – Die Psychologie der mentalen Kontrolle*, Kabel Verlag, Hamburg 1992

Buchempfehlungen zur Vertiefung des Themas

Endres, Wolfgang u. Bernard, Elisabeth: *So ist Lernen
klasse. Der beste Lernweg für mein Kind*, Kösel-Verlag,
München, 2., überarb. Aufl. 1992

Endres, Wolfgang u.a.: *Lernen mit Kniff und Pfiff. Kleine
Lernmethodik. 9–13 Jahre*, Beltz Lern-Trainer, Beltz
Verlag, Weinheim, 6., unveränd. Neuausg. 1994
Ein Buch für Kinder zwischen 9 und 13 Jahren, das
ihnen spielerisch zeigt, wie man schwierige und unangenehme Aufgaben anpackt, wie man Gedanken
ordnet und gute Notizen macht, wie man Ideen für
einen Aufsatz findet oder Mathe-Textaufgaben besser versteht.

Müller, Else: *Du spürst unter deinen Füßen das Gras*, Fischer Taschenbuch Verlag, Frankfurt/M., 15. Aufl.
1994

Müller, Else: *Träumen auf der Mondschaukel. Autogenes
Training mit Märchen und Gute-Nacht-Geschichten*, Kösel-Verlag, München, 4. Aufl. 1994

Prekop, Jirina: *Der kleine Tyrann. Welchen Halt brauchen
Kinder?*, Kösel-Verlag, München, 15. Aufl. 1993

Prekop, Jirina u. Schweizer, Christel: *Unruhige Kinder.
Ein Ratgeber für beunruhigte Eltern*, Kösel-Verlag,
München, 2. Aufl. 1993

Schober Reinhard: *Besser konzentrieren. Ein Trainingsprogramm*, Humboldt-Taschenbuchverlag, München
1993

Teml, Hubert: *Zielbewußt üben – erfolgreich lernen*, Veritas
Verlag, Linz, 3. Aufl. 1994
Dieses Buch bietet ein Kombinationsprogramm von
Lerntechniken »für den Kopf« und Entspannungs-
übungen »für den Bauch«. Ein Trainingsprogramm
für Schüler/innen ab 10 Jahre.

Thieme, Alfred: *Konzentration. Trainingsprogramm. 6.–9.
Klasse*, Beltz Lern-Trainer, Beltz Verlag, Weinheim
1994
Ein sehr ansprechend und motivierend gestaltetes
Übungsprogramm für Schüler/innen der 6. bis 9.
Klasse. Es zeigt in vielen kleinen, überschaubaren
Übungseinheiten zum Beispiel, wie man seinen Ar-
beitsplatz konzentrationsfördernd einrichtet, seine
Zeit zum Lernen optimal einteilt oder sich gekonnt
entspannt.